KB172269

배추얼 휴먼

일러두기

이 책에 수록된 버추얼 휴먼 '루이'와 '하마'의 사진은 디오비스튜디오의 저작물 (©디오비스튜디오)입니다. 해당 본문 사진의 경우 별도로 출처 표기를 하지 않았음을 밝힙니다.

VIRTUAL HUMAN
버추얼 휴먼

메타버스 속 신인류의 탄생

오제욱 지음

0.0068795

5.875

0.5784

프롤로그

'착한' 딥페이크로 만들어가는
디지털 세상 속 나의 부캐

> VR이 내게 소중한 것은 그 속에 사람들이 있기 때문이다.
> VR이 내게 어떤 의미인지 이야기하려면 내 이야기를 하는 수밖에 없다.
>
> -재런 러니어(Jaron Lanier), 《가상 현실의 탄생》

오늘도 어김없이 일에 매진하다 새벽을 맞았습니다. 조용한 사무실 공간에서 홀로 일을 이어가다 보니, 문득 10여 년 전 대만에서 골프 시뮬레이터 사업을 성공시켜 보겠다고 숱하게 야근을 반복하던 때가 떠오릅니다. 스타트업 대표로 살아온 지난 수년간은 물론이고 직장생활을 할 때도 일이 끊이지 않았던 것을 보면, 저는 '일복' 하나는 제대로 타고난 사람인 듯합니다. 회사를 운영하고 성장시키느라 동분서주한 덕분에 피곤함은 늘 따르는 일이지만, 그래도 제가 좋아하는 일을 할 수 있다는 것은 축복이 분명합니다. 지난날 LG상사에 신입사원으로 입사해 첫 직무 교육을 이수할 때, 20년 또는 30년 뒤 자신의 모습을 그려보라는 과제가 있었습니다. 그때 한껏 고무되어 작성했던 '신사업 개발 전문가'를 목표로 그 길을 계속 걸어왔으니, 지금껏 길을 잃지 않은 것만으로도 감사할 따름입니다.

현재 코로나19 팬데믹으로 인해 전 세계인들이 불편을 넘어 고난을 겪고 있습니다. 언제 종식될지 모를 이 불행의 한편에는 인류의 가치관과 사고방식, 생활방식 전반에 걸쳐 엄청난 영향을 미칠 변혁이 꿈틀거리고 있습니다. 바로 '메타버스'입니다. 메타버스는 일부 사람들의 말대로라면 특별히 새로울 것 없는 개념일 수도 있습니다. 하지만 전 세계 약 3억 명의 인구가 코로나19에 확진되었습니다. 약 550만 명의 목숨을 앗아간 무시무시한 이 질병은 인류 전체에게 메타버스를 또 다른 리얼한 세계로 받아들이도록 강요하고 있습니다. 어찌 보면 코로나19로 인해 인류가 강제로 진화한 것 같다는 생각도 듭니다.

수많은 사람들이 다양한 SNS 채널에서 단 한 번도 실제로 만나보지 않은 사람과 소위 절친이 되고, 대화를 나누고, 정보를 나누며 교감합니다. 키보드와 마우스로 캐릭터를 조종해서 움직이고 싸우고 하던 온라인 게임은 이제 캐릭터를 활용해 인기 팝스타의 공연을 직관하며 춤출 수도 있고 그 자체로 공연의 일부가 되는 놀라운 가상세계로 거듭났습니다. 지구를 본

뜬 온라인 맵에서 디지털 부동산을 사고팔고, 출근하고, 친구를 만나는 것도 온라인 서비스의 디지털 공간에서 이루어집니다. 인류가 딛고 있는 땅이 개발자가 만들어낸 디지털 공간으로 대체되고, 인간관계와 생계를 위한 직업 활동까지도 디지털로 옮겨가고 있습니다.

기술의 최전선에서 활동하는 저희 디오비스튜디오가 '버추얼 휴먼'에 주목하는 이유입니다. 디지털 공간은 우리의 시선을 사로잡고 빠져들게 할 만큼 다채로우며 특별한 경험을 선사합니다. 하지만 그 자체만으로는 부족합니다. 재미와 감동, 더 높은 주목도와 참여(engagement)는 사람과 사람 사이의 '상호작용'에서 비롯합니다. 디지털 공간에서 정보를 하나 전달하더라도 캐릭터가 등장해서 전달하는 것이 훨씬 더 효과가 좋습니다. 게임 배틀그라운드에서 플레이어들 간에 오디오 채팅이 불가능하다면 재미는 반감될 수밖에 없습니다.

저는 디지털 공간에 캐릭터의 모습으로 존재하지만 이용자(user)인 리얼 휴먼들과 상호작용이 가능한 인격적인 이들 존재를 '버추얼 휴먼'이라고 정의하고 있습니다. 다양한 외형과 용도, 서로 다른 기술들로 만들어진 각양각색의 버추얼 휴먼이 쏟아지고 있지만, 버추얼 휴먼의 공통점은 휴먼과 인격 대 인격으로 소통하고 관계를 형성하는 가상의 존재라는 점입니다. 물론 현재까지는 한 명의 버추얼 휴먼을 움직이고 생명력을 부여하기 위해 그 뒤에서 여러 명의 스태프들이 수고하는 경우가 대부분입니다. 그렇지만 앞으로 인류가 디지털 지구에 머무르는 시간이 더 길어질수록, 메타버스에서 더 많은 활동이 가능해질수록 버추얼 휴먼 관련 기술은 빠르게 발전할 것이고, 점점 소수의 인력으로 완벽하게 구현할 수 있는 버추얼 휴먼들이 늘어날 것입니다. 그런 변화의 여정 어디쯤에는 개인 한 명이 진화된 기술의 힘을 빌려 버추얼 휴먼을 손쉽게 만들고 운용할 수 있는 시기가 도래할 것입니다. 그 시대에는 디지털 부캐 버추얼 휴먼이 폭발적으로 증가할 테지요. 좀 더 상상력을 펼쳐 보면, 그 여정의 종착점에는 이용자 한 명이 여러 명의 버추얼 휴먼을 놀이처럼 운용하는 공상과학(SF) 영화에나 나올 법한 현실이 기다리고 있을지도 모를 일입니다.

　디오비스튜디오의 첫 번째 버추얼 휴먼 '루이'는 밝고 선한 정체성을 가진 디지털 부캐입니다. 기획부터 제작 과정의 모든 기간 동안 루이라는 가상의 존재가, 메타버스로 빠르게 휩쓸려 들어가는 인류를 안심시킬 수 있는 상징이 되기를 바라왔습니다. 행복의 필수 요건 중의 하나인 경제력도 버추얼 휴먼이 갖출 수 있다는 점 또한 증명하고 싶었습니다. 모든 임직원의 바람과 기술의 힘으로 루이는 현재 하이퍼리얼리즘 가상 얼굴의 독보적인 성공 사례가 되었습니다. 또 순수하고 매력적인 페르소나로 대중들에게 점차 알려지면서 더욱 많은 사랑을 받고 있습니다.

루이가 그래왔듯 저의 부캐인 '하마'도, 그리고 기업들의 다양한 수요에 따라 제작 중인 십수 명의 버추얼 휴먼들도 메타버스를 살 만한 곳으로 만드는 데 기여했으면 합니다. 거창하게 유토피아까지는 아니더라도, 적어도 디지털 부캐 놀이를 하는 동안만큼은 냉혹한 현실보다는 조금이라도 더 따뜻하고 인간적인 그런 세계관 속에서 개인들이 행복할 수 있으면 좋겠습니다.

앞으로 버추얼 휴먼을 만들고자 하는 기업 관계자들과 스스로 디지털 부캐로 살아보고자 하는 호기심 많은 메타버스 탐험가들에게 이 책이 조금이나마 영감을 드릴 수 있기를 바랍니다. 저 역시 디오비스튜디오의 기술과 서비스로 매력적이고 개성 넘치는 버추얼 휴먼들이 더욱 많아질 수 있도록 지금껏 걸어왔듯 앞으로 나아가겠습니다. 고맙습니다.

2022년 2월 오제욱

⊕ 디오비스튜디오의 첫 번째 버추얼 휴먼 '루이'

차례

universe 2

버추얼 휴먼: 가상세계의 신인류

universe 3

멀티 페르소나: 내 안의 또 다른 정체성

METAVERSE

메타버스

: 현실보다 매혹적인 또 다른 세계

MZ세대의 새로운 생태계

　버추얼 휴먼을 개발하는 스타트업인 디오비(dob, Dream of Butterfly)스튜디오가 제게는 세 번째 창업이지만, 지금의 커리어를 이루기까지 과거 직장생활에서 계속했던 일은 ICT 분야에서 신사업을 개발하는 일이었습니다. 사업 타당성을 분석하는 일이 주된 업무였지요. 어떤 유망한 해외 ICT 트렌드가 있으면 그것에 사용된 기술이 무엇인지, 국내에 관련 사업을 가능하게 하는 기술 현황은 어떠한지를 종합적으로 시장조사하여 신사업을 구체적으로 기획하는 것이었습니다. 손에 잡히지 않는 아이디어를 구체화해 사업화하는 이 같은 직무 경험은 다양한 콘텐츠를 만들고, 그것으로 부가가치를 만들어내는 콘텐츠 비즈니스로 저를 이끌었습니다.

　한류 콘텐츠 관련 신사업을 론칭하는 일에도 수년간 종사했습니다. 지금 버추얼 인간 분야에 발 빠르게 진출할 수 있던 배경에, 한류에 대한 애정과 한류 관련 콘텐츠를 글로벌 시장에 유통했던 경험이 큰 도움이 되었다고 말할 수 있습니다.

그렇다 보니 전 세계를 강타하고 있는 넷플릭스 오리지널 콘텐츠 〈오징어 게임〉의 쾌거가 남다르게 다가옵니다. 2021년 10월 기준 〈오징어 게임〉은 94개국에서 1위를 기록했고(2021년 9월 17일 공개), 넷플릭스 역대 최고 인기 있는 프로그램으로 1억 4,200만 가구가 시청했다고 합니다. 넷플릭스가 차단된 중국에서조차 〈오징어 게임〉 열풍이 거세고 관련 상품이 날개 돋친 듯이 판매된다고 하니, 이 드라마의 폭발적인 영향력과 사람들의 관심이 어떠한지 짐작할 만합니다.

〈오징어 게임〉은 빚에 쫓겨 삶의 벼랑 끝에 내몰린 사람들이 상금 456억 원을 내건 서바이벌 게임에 참가하면서 벌어지는 이야기를 다룬 드라마입니다. 한마디로 목숨을 건 생존 게임을 하는 것이지요. 〈오징어 게임〉에서 다루어지는 게임은 중·장년층, 즉 기성세대라면 누구나 알 만한 '무궁화 꽃이 피었습니다', '달고나 뽑기', '딱지치기' 등과 같은 놀이입니다. 〈오징어 게임〉의 인기에 힘입어 한국의 놀이들이 세계적으로 알려지면서 여러 나라에서 이 놀이를 따라 하는 현상마저 일어나고 있습니다. 우리나라 기성세대에게는 익숙한 추억 속 놀이지만, 이 드라마를 시청한 외국인들과 특히 MZ세대(1980~2000년대에 출생한 '밀레니얼 세대'와 1990~2000년대 초반에 출생한 'Z세대'를 통칭하는 말)에게는 신선하고 호기심을 자극하는 놀이로 와닿는 듯합니다.

저는 여기서 MZ세대가 〈오징어 게임〉을 즐기는 방식에 주목해보고자 합니다. 저희 회사가 '루이(Rui)'라는 버추얼 휴먼을 개발하고 루이커버리(RuiCovery)라는 채널을 운영하고 있기도 해서, 아무래도 틈만 나면 유튜브 시청을 하며 시청자들의 반응을 살피곤 합니다. 최근 제 유튜브 알고리즘을 타고 올라온 수많은 영상 중 특히 재미있게 본 것은 MZ세대가 로블록스(Roblox)로 만든 〈오징어 게임〉 영상들입니다.

로블록스는 게임을 기반으로 한 대표적인 메타버스 플랫폼입니다. 이용자가 플랫폼 안에서 창작 활동과 경제 활동을 할 수 있어서 신드롬적 인기를 얻고 있습니다. 〈오징어 게임〉속 세트장을 컴퓨터그래픽(CG)으로 그럴듯하게 구현하고, 게임규칙을 직접 만들고, 이용자 각자가 아바타로서 참여하여 뛰노는 모습은 AI 업계에 몸담고 있는 제게도 인상적이었습니다. 그중에서도 녹색 트레이닝복을 입은 아바타들이 대형 인형 로봇이 놓인 경기장에서 '무궁화 꽃이 피었습니다'라는 한국어가 나오는 가운데 멈추었다가 뛰었다가를 반복하며 플레이하는 모습이 담긴 영상들이 높은 조회 수를 기록하며 뜨거운 관심을 받았습니다.

〈오징어 게임〉에서 행해졌던 놀이가 로블록스 이용자들에 의해 콘텐츠로 제작되어 인기가 확산되면서, 좀처럼 그 개념을 알기 어려웠던 메타버스가 어떤 식으로 작동하는지 체감할 수 있었다는 반응도 뒤따르고 있습니다. 이처럼 디지털 시대 여러 메타버스 플랫폼들이 소통과 경험의 새로운 장(場)을 열어가고 있습니다.

MZ세대의 열망이 가져올 미래

인간은 본질적으로 놀이를 추구하는 존재입니다. 인류의 역사를 통틀어 인간은 언제나 다양한 오락거리를 찾고, 놀이를 즐기는 존재였습니다. 물론 시대에 따라 노는 장소나 노는 방법은 차이가 있었지만 말입니다. 저명한 역사학자 요한 하위징아(Johan Huizinga)는 인류의 모든 문화 현상의 기원은 '놀이'로부터 이뤄졌다고 말하며 '호모 루덴스(Homo Ludens, 유희적 인간)'라는 개념을 창안했습니다. 그는 인류에게 순수한 놀이 정신이 없었다면 문명은 성립되지 않았을 것이라고 주장했습니다.

오늘날 Z세대는 '디지털 네이티브'라고 불립니다. 태어나면서부터 스마트폰과 태블릿을 손에 쥐고 자란 세대이지요. 이들 세대는 기본적으로 스마트폰과 컴퓨터 등과 같은 각종 전자기기를 가지고 놉니다. 중·장년층인 기성세대에 비해 놀이터와 같은 실외에서 신나게 뛰어놀아본 경험이 아주 적습니다. Z세대는 실제 미끄럼틀과 시소가 있는 그런 물리적 공간보다는 디지털 놀이터에서 유희를 즐깁니다. 이들은 가상공간에서 만난 누구라도 기꺼이 함께 놀 준비가 되어 있습니다. 그 대상이 어떠한 모습을 한 캐릭터 또는 아바타라도 상호작용할 수 있고 서로 간에 피드백을 주고받을 수 있다면, Z세대는 그 가상인간을 인격으로 여기면서 함께 놀 수 있습니다.

MZ세대는 자신의 캐릭터를 내세워 친구들을 만나는 데 익숙합니다. 가상인간의 SNS 계정을 팔로우하고 '좋아요'와 댓글로 소통하는 것을 실제 사람과 인간관계를 맺는 것과 큰 차이가 없다고 여깁니다. 심지어 현실 세계에서 사귀는 사람들보다 더 편하고 친근하게 생각하기도 합니다. 인간관계에서 발생하는 크고 작은 스트레스에서 자유롭기 때문입니다. 한편으로는 그들 저마다의 특별하고도 '힙'한 가상공간에서 또래끼리 놀이 문화를 만드는 것을 즐기고 있기도 합니다. 이처럼 새로운 세대는 서로가 상호작용하고 연결될 수 있는 그들만의 참신한 방법들을 만들어가고 있습니다.

사실, 현실 세계에서의 내 실제 본명과 다른 아이디로 디지털 세상에 접속해서 활동하는 것은 MZ세대가 아니어도 이 시대의 사람들 대부분에게 익숙하고 자연스러운 일입니다. 지하철에 탄 사람들의 모습을 떠올려 보세요. 몸은 지하철에 있지만 정신은 각자 개인들이 소유한 스마트폰의 작은 화면 속 디지털 세상 속에 가 있습니다. 이제는 스마트폰 속에 있는 디지털 세상이 놀이터가 된 것입니다. 누군가는 네이버에 로그인해서 뜨거운 이슈로 떠오른 뉴스 기사에 댓글을 달고 있을 테고, 누군가는 다음 아이디로 로그인해서 유행하는 '차박(자동차+숙박)' 캠핑에 관한 생생한 포스트를 읽으며 캠핑 장비들을 살까 말까 고민하고 있을지도 모릅니다. 누군가는 좋아하는 크리에이터의 유튜브 영상을 보고 있을 것이고, 또 누군가는 방금 찍은 셀카 사진을 인스타그램에 정성스럽게 해시태그(#)를 달면서 올리고 있을지도 모릅니다. 기술의 진화로 우리의 놀이 공간은 점점 더 가상세계로 옮겨가고 있습니다.

이렇듯 상상 속 세계를 현실과 같은 리얼 월드로 구현하는 개념을 생각할 때마다 가장 먼저 떠오르는 인물이 있습니다. 바로 제임스 카메론(James Cameron) 감독입니다. '놀이'에 대한 그의 본능적인 열망과 세상에 대한 호기심이 기술의 발전과 연결되어 마법과 같은 장면들을 영화를 통해 생생하게 구현해냈기 때문입니다. 자신의 상상력을 실현해줄 시간을 기다리다가, 당대의 기술력을 집대성해 〈터미네이터〉 시리즈(터미네이터 1편은 1984년), 〈타이타닉〉(1997년), 〈아바타〉(2009년) 등의 마법과 같은 놀라운 작품을 만들어낸 것입니다.

어린 시절부터 제임스 카메론 감독은 공상과학소설에 빠져 지냈고, 심해 탐사에 관심이 많아 스쿠버다이버가 되기로 결심했다고 하지요. 실제로 그는 할리우드 영화감독이라는 직업을 잠시 멈추고 심해 탐험가로 활동하기도 했습니다. 그의 탐사 팀이 잠수정을 타고 타이타닉호를 재탐사할 당시 심해 구조물을 조사할 수 있는 작은 로봇도 개발해서 가져갔습니다. 난파선 내부를 로봇을 통해 들여다볼 수 있도록 한 장치를 개발한 것입니다. 그는 로봇을 타이타닉호로 들여보내 배의 갑판에서부터 복도, 내부 선실 등 이곳저곳을 살펴볼 수 있었는데, 마치 자신이 꼭 그 안에 있는 것과 같은 경이로운 느낌을 받았다고 합니다. 그는 그 진귀한 순간을 자신이 겪은 일 가운데 가장 초현실적인 경험이었다고 말한 바 있습니다.

제임스 카메론 감독은 로봇을 조종하면서 자신이 타이타닉호 안에 있는 것과 같은 경험을 하며 '로봇으로 만든 아바타가 진짜로 있어도 되겠다. 나의 의식을 다른 매개체에, 다른 형태의 존재에 주입하여 원격 현장감(Telepresence)을 체험할 수 있겠다. … 탐사 혹은 다른 많은 목적을 위한 수단으로 사이보그 몸체를 이용하기 시작하는 세상이 올 수 있겠다'라는 깨달음을 얻었다고 합니다.

근래에 버추얼 휴먼이 많은 관심을 받고 있는데, 제임스 카메론 감독은 이미 20년도 더 전에 이 같은 가상인간의 개념을 직접 몸으로 체감하고 미래의 포스트 휴먼 시대를 내다본 것입니다. 공상과학소설을 좋아하고 바다 탐험을 일생의 유희로 삼았던 제임스 카메론은 결국 그로부터 얻은 깊이 있는 경험과 영감으로 그의 작가적 세계를 섬세하게 창조해냈습니다.

이와 같은 맥락에서 현재 세대이면서 미래 세대인 MZ세대가 그들만의 세상을 어떻게 만들어갈지 궁금해집니다. 그들이 새로운 놀이 문화를 만들기 위한 기반 기술은 이미 충분히 개발되었고 상용화되었습니다. 미국의 10대들이 유튜브보다 더 많은 시간을 보낸다는 로블록스의 사례만 봐도, MZ세대가 차고 넘치도록 충분한 기술력의 기반 위에서 얼마나 창의적인 놀이 문화를 만들고 향유할지 기대됩니다. MZ세대는 사람이 아닌 존재와도 잘 어울려 놀고, 심지어 사람과 노는 것보다 더 잘 놀기도 합니다. 그러한 변화에는 방향성이 있게 마련이고, 그들의 호기심과 바라는 것을 이루려는 믿음, 그 믿음을 구현해내는 실천력은 우리가 상상하는 것 이상의 새로운 미래를 가져올 것입니다. 그들이 모이고, 창작하고, 놀고, 가상인간과 어울리는 행동을 기성세대가 수용하기 어려울 수도 있습니다. 하지만 결국 새로운 경제와 질서가 만들어질 것이고 인류는 진화에 다를 바 없는 큰 변화를 겪게 될 것입니다.

버추얼 휴먼을 만드는 스타트업 대표로서 MZ세대와 그 이후 세대의 변화에 기술적, 문화적으로 적극 참여하고 기여할 수 있기를 희망해봅니다.

MZ세대는 메타버스에 '진심'

싸이더스스튜디오엑스의 버추얼 휴먼인 로지와 디오비스튜디오의 루이가 잇달아 론칭한 지 이제 1년이 넘었습니다. 해외에서는 수년 전부터 릴 미켈라(Lil Miquela) 등과 같이 가상 인플루언서의 활약이 돋보였지만, 우리나라의 경우 루이와 로지 같은 캐릭터로 인해 버추얼 휴먼이 조명받은 것은 2021년부터였습니다. 특히 MZ세대를 중심으로 SNS에서 유명세를 타기 시작해서 입소문을 타고 대중에게 알려지기 시작했지요. 지금이들 버추얼 휴먼은 광고, 홍보, 엔터테인먼트 등 여러 비즈니스 영역에서 활발한 활동을 보여주고 있습니다. MZ세대가 트렌드를 주도하는 주축이 되어가면서 가상인간과 가상세계 역시 산업적으로 중요한 대상이 되고 있습니다.

흥미로운 점은 버추얼 휴먼이 최근 핫하게 떠오르는 '메타버스'를 구성하는 한 요소로 점차 인식되는 양상을 띠고 있다는 점입니다. 신기술의 최전선에서 일하는 저희 같은 IT 회사는 기술에 대한 대중의 인식을 파악하는 일이 중요합니다. 어떤 사업 영역을 발굴하고 그 서비스를 론칭할 시기를 가늠하는 데 기술의 트렌드와 그것을 받아들이는 대중의 수용성은 최우선적으로 고려해야 할 사항입니다. 2016년 인공지능(AI) 알파고와 이세돌의 대국은 전 세계에 인공지능 열풍을 가져왔습니다.

그 연장선에서 메타버스와 함께 버추얼 휴먼이 만들어갈 변화 또한 거부할 수 없는 흐름이라고 생각합니다.

메타버스(Metaverse)는 '초월', '그 이상'을 뜻하는 메타(Meta)와 '세계', '우주'를 의미하는 유니버스(Universe)의 합성어입니다. 일반적으로 온라인으로 연결된 가상공간이라는 뜻으로 통용되고 있습니다. 말 그대로 보면 '초월 현실 세계'라고 해석할 수도 있습니다.

국립국어원은 올해 메타버스를 '확장 가상세계'라는 우리말로 표현할 것을 권하기도 했지요. 국내 메타버스 연구의 권위자로 알려진 김상균 교수는 메타버스를 "현실의 물리적 지구를 초월하거나 지구 공간의 기능을 확장해주는 디지털 환경의 세상"으로 정의하고 있습니다.

현재 메타버스는 굉장히 광범위하고, 정확하게 정의가 딱 떨어지지 않은 개념을 많이 포함하고 있기에, 지금 시점에서는 좀 더 융통성 있는 관점으로 이해해야 한다고 생각합니다(메타버스의 분류와 그 개념적 차이에 대한 설명은 다음 주제 참조). 제 의견으로는 메타버스는 소셜 네트워킹과 디지털 콘텐츠를 중심으로 촘촘하게 연결된 가상공간에서의 세컨드라이프의 시공간 개념으로 이해하면 적절할 것 같습니다. 기존의 현실 세계와는 구별되는, 다른 삶이 이루어지는 디지털 세상이라고 말할 수 있겠지요. 리얼 월드에서만 가능했던 많은 콘텐츠들, 예를 들면 소비 활동이라든지, 돈을 버는 일, 사람과 사람이 함께 시간을 보내며 친구 관계로 생활하는 것, 공연을 보고 영화를 관람하며 문화생활을 하는 것 등 실제 삶의 영역이 디지털로 하나둘씩 넘어간다는 것이 메타버스 개념의 초점입니다. 현재 국내에서는 실제 세상과 디지털 세상간 경계가 허물어지는 광범위한 사회현상 자체를 논할 때, 바로 이 '메타버스'라는 단어로 각계각층의 전문가들이 자신의 영역에서 서로 약간씩 다른 정의를 가지고 이야기한다고 보면 됩니다.

메타버스가 각광받는 이유는, 디지털 신인류라고 불리는 MZ세대(특히 Z세대)를 중심으로 게임에서 나아가 소통하며 다양한 체험을 즐길 수 있는 공간, 경제 활동을 할 수 있는 공간으로까지 확대되고 있기 때문입니다. 한마디로 돈이 될 것 같은 분위기가 형성되고 있습니다. 현실에서는 절대 할 수 없는 것들을 실현할 수 있는 대리만족의 공간으로 인식되는 심리적인 이유도 크다고 봅니다.

인공지능 컴퓨팅 분야의 세계적 기업 엔비디아(NVIDIA)의 CEO 젠슨 황(Jensen Huang)은 "앞으로의 20년은 공상과학이나 다름없을 것이다. 메타버스의 시대가 오고 있다."라고 밝힌 바 있습니다. 머지않은 미래에 그 기술적인 실현과 대중화가 가능할까 의문이 들기도 하지만, 최근에 메타버스 콘텐츠들이 아바타 등의 객체를 통해 공감각적인 체험과 시뮬레이션이 가능하다는 측면에서 보면 메타버스로 인한 변화의 양상은 매우 빠르고 또 클 것으로 전망됩니다.

예를 들어 근래 주목받는 메타버스 게임 플랫폼들은 게임하는 공간과 생활·소통하는 공간을 별도로 운영하거나 특화하는 방식으로 서비스(예컨대 포트나이트, 제페토, 모여봐요 동물의 숲 등)하고 있습니다. 메타버스 플랫폼들이 단순한 게임이나 콘텐츠의 소비가 아닌 점점 더 현실 경제와 연관성을 높이는 방향으로 변화하고 있고, 그것을 뒷받침하는 기술 요소들이 빠른 속도로 발전하고 있습니다.

이와 같은 메타버스 개념을 가장 잘 보여주는 플랫폼은 역시 로블록스입니다. 로블록스는 2021년 3월에 상장한 이후 현재 시가총액이 약 54조 원에 달할 정도로 메타버스 업계의 명실상부한 선두 기업입니다. 로블록스는 현재 10대들에게 가장 인기 있는 게임 가운데 하나로, 미국의 경우 10대의 절반 이상에 달하는 인구가 로블록스를 이용하고 있다고 합니다. 로블록스는 약 700만 명의 크리에이터가 활동하며 게임을 개발하고 있고, 이곳에 등록된 게임 수만 해도 무려 5,000만 개에 달하는 것으로 파악되고 있습니다(2021년 4월 기준). 로블록스의 인기 비결 중 명확한 것은 앞에서도 언급했듯이, 플랫폼 안에서 사용자가 게임을 자유롭게 제작할 수 있고, 물건을 만들 수 있으며, 그것으로 경제활동이 가능하기 때문입니다. 월 1,000만

원이 넘는 고소득을 올리고 있는 10대도 다수인 것으로 집계되고 있습니다. 로블록스 안에는 '로벅스'라는 가상화폐가 있는데, 이 화폐는 실물화폐의 가치를 지니고 있습니다(10만 로벅스는 약 350달러, 즉 1로벅스당 0.0035달러). 이 화폐로 돈을 벌고 소비하고 투자하는 경제 시스템이 갖춰져 있습니다. 실제 수익을 창출할 수 있는 구조이기에 당연히 기업들에게 메타버스는 새로운 기회의 땅이 되고 있습니다. 새로운 비즈니스 모델의 사업을 다양하게 펼치고 확장할 수 있는 신대륙이나 마찬가지인 것입니다.

기업들은 새로운 플랫폼이 펼쳐질 곳이 어디인가를 늘 주시하고 있는데, 그 관심이 바로 메타버스로 쏠리고 있습니다. 대표적으로 마크 저커버그(Mark Zuckerberg)는 수년 전부터 페이스북을 SNS 기업에서 메타버스 기업으로 전환하는 것이 목표라며 공공연히 밝힌 바 있습니다. "메타버스는 모바일 인터넷의 후계자"라고 이야기했지요. 그 후 실제로 2021년 10월 28일, 페이스북은 '메타(Meta)'로 사명을 새롭게 변경했습니다. 그리고 언론 매체에 "5년 후 페이스북이 메타버스 기업으로 인식되기를 원한다. 메타버스 사업을 강화하는 차원에서 회사 이름을 바꾼 것이다."라고 입장을 밝혔습니다.

사실 MZ세대뿐만 아니라 중·장년층 역시 온라인에서 보내는 시간이 늘고 있고, 이런 추세는 코로나19라는 팬데믹을 겪으며 여러 삶의 영역에서 더욱 강화된 측면이 있습니다. 엄밀히 말하면 코로나19가 사람들을 온라인 공간에서 더 많은 시간을 보내게끔 강제했다고 볼 수 있습니다. 각계각층의 수많은 전문가들은 우리가 코로나 이전과 같은 시대로 돌아가기는 어렵다고 판단하고 있습니다. '위드 코로나' 방침하에 전 세계 국가들이 저마다의 방식으로 점차 일상의 복귀를 준비하던 중 코로나19 4차 대유행이 확산되고 있습니다. 이제는 코로나19의 변이 바이러스 이름도 기억하지 못할 정도로 다양한 변이들이 계속 발생하고 있습니다. 바이러스 시대에 현명하게 생존하는 방법들이 뉴노멀이 되고 있는 상황입니다.

시대 흐름은 그 어느 때보다 디지털 세상에서의 삶, 그리고 '디지털 세상에서의 나'를 중요하게 여기는 시기로 진행되고 있습니다. 많은 관계들이 코로나19로 끊어진 연결과 유대감을 온라인으로 메워가고 있습니다. 특히 Z세대는 온라인 안에서도 현실 세계에 못지않은 몰입감과 실재감을 만끽하고 있는 듯합니다. 때때로 Z세대는 실제 세상에서보다 디지털 세상에서 더 행복해 보이기까지 합니다. Z세대가 디지털 세상을 만족스럽게 체험하고, 또다시 저마다의 경험을 디지털 세상에 공유하면서 수준 높은 디지털 경험을 제공하는 더욱 새로운 서비스를 창출시키고 있습니다. 이와 같이 메타버스 세상은 이미 폭발적인 속도로 확장되고 있습니다.

물론 대다수 사람에게 메타버스에 접속하는 것은 아직 낯선 일이고, 메타버스에 대한 인식도 보편적으로 개념화되지 않았습니다. 기성세대는 여전히 사람을 직접 대면해서 일하고, 교제하는 것을 선호합니다. 메타버스에서 소통하기 위해 아바타나 캐릭터로 활동하는 것을 Z세대만큼 편하게 생각하지 않습니다. 심지어 거부감을 드러내는 사람도 많습니다. 일례로 중·장년층이 주로 보는 언론 매체에 가상 인플루언서로 활동하고 있는 루이나 로지 등에 대한 기사가 보도되면, 부정적인 댓글이 많이 달립니다. 유튜브의 경우는 반응이 대체로 긍정적이지만, 불편한 감정을 드러내는 사람도 적지 않습니다.

반면에 젊은 세대가 많이 이용하는 인스타그램이나 틱톡 같은 플랫폼에서는 이들 가상인간에 대해 긍정적인 반응이 많고, 일부 사람들은 열광하기까지 합니다. 가상인간의 매력적인 정체성에 환호하는 사람들은 팬덤을 형성해 활동하기도 합니다. 마치 연예인이나 인간 인플루언서에게 그랬듯 가상인간들의 포스팅에 댓글을 달고 공감해주며, 팬심을 기반으로 하는 소통이 자연스럽게 이루어집니다.

디지털 세상에서의 활동이라는 측면에서 기성세대가 Z세대와 가장 큰 차이를 보이는 점은, 가상세계의 나와 현실 세계의 나를 같다고 보지 못하는 경향이 있다는 것입니다. Z세대에게 아바타는 또 다른 나입니다. 현실 세계의 '나'가 있듯이 가상

세계에도 '나'가 있는 것이지요. 또한 Z세대에게는 온라인에서 만나는 상대, 즉 아바타가 사람의 모습이든 괴물이나 동물의 모습이든 중요하지 않습니다. 웹툰이나 판타지 소설에서 흔히 등장하는 엘프나 오크 같은 종족이어도 아무런 상관이 없습니다. 또 겉으로 보이는 아바타의 모습뿐만 아니라, 그 아바타를 움직이는 것이 실제 사람이든 인공지능이든 큰 관심이 없습니다. 마치 사람과 사람이 상호작용하고 관계가 형성되고 발전하듯, 아바타 또한 그러하다면 아바타 뒤에서 무엇이 어떤 방식으로 작동하는지에는 관심이 없다는 뜻입니다. 어쩌면 아바타를 실제 사람처럼 작동하기 위해 누군가가 성우 역할을 할 수도 있고, 누군가는 열심히 타이핑을 하고 있을 수 있지만, Z세대는 아바타 자체에 더 집중합니다. 디지털 세계 안에서 서로 소통하고 있다면 그냥 내 친구입니다. 화면 너머 상대방의 실체를 굳이 알려고 하지 않습니다. 단지 지금 나와 소통이 되는가, 수평적인 관계인가를 중요하게 생각하고, 자연스럽게 상대의 다양성을 받아들입니다.

메타버스의 긍정적인 잠재력은 결국 이런 매력적인 소셜 네트워킹의 가능성에 있다고 봅니다. 아바타와 같은 가상인간들이 기술적으로 얼마나 진짜 사람처럼 닮았느냐가 아니라, 얼마나 서로 소통이 잘되느냐에 따라 그들의 존재 여부와 메타버스 자체의 지속 여부가 달려 있다고 봐도 무방합니다. MZ세대에게 메타버스는 가상이지만 결코 가짜는 아닌 곳입니다. 오히려 진짜보다 더 진짜 같은 소중한 삶의 터전인 것이지요.

이렇듯 실제 세상과 디지털 세상을 구별하지 않는 새로운 개념의 세계관이 형성되고 있습니다. 일찌감치 메타버스 세계관을 잘 구현한 가상현실(VR) 게임 세컨드라이프(Second Life)의 제작자 필립 로즈데일(Philip Rosedale)이 한 말처럼, "앞으로 메타버스가 어떻게 진화할지 예측할 수는 없지만 아바타, 가상화폐, 디지털 상품 등으로 촉발된 변화의 조합은 예측하기 불가능하다는 것"을 겸손하게 인정해야 합니다.

메타버스는 가상이지만
가짜가 아니야

2021년 10월 초, SK텔레콤이 모회사인 한 홈쇼핑 채널에서 오큘러스 퀘스트2(Oculus Quest 2)를 판매했습니다. 일반 대중을 상대로 VR HMD(Head Mounted Display)를 최초로 홈쇼핑 론칭했다는 사실도 흥미로웠지만, 성공적인 판매고를 기록했다는 사실은 더욱 놀라웠습니다. HMD는 가상현실 콘텐츠를 체험하기 위해 사용자가 머리에 착용하는 고글 형태의 기기입니다.

글로벌 시장조사 업체인 카운터포인트 리서치(Counterpoint Research)에 따르면, 2020년 10월 오큘러스(메타의 자회사)가 출시한 오큘러스 퀘스트2는 2021년 1분기까지 460만 대 이상 판매되었다고 합니다. 소프트웨어정책연구소(SPRi)에서 발표한 '메타버스 비긴즈'(2021년 4월) 리포트에 의하면, 이 제품이 2020년 10월에 출시된 후 그해 약 140만 대가 판매된 것으로 추정하고 있습니다. 이는 2007년 6월에 출시되어 그해 판매된 아이폰이 139만 대였던 것을 비교해보면 놀라운 판매 기록이 아닐 수 없습니다. 오큘러스 퀘스트2가 우리나라 홈쇼핑에 론칭되기 전, 국내에 유통된 물량은 세 차례로 모두 매진되었다고 하지요.

　기존의 메타버스 경험은 PC나 모바일, 콘솔을 중심으로 단편적으로 이루어졌습니다. 그러나 메타버스 경험을 지원하는 오큘러스 퀘스트2 등의 VR HMD가 본격적으로 이 같은 기기들과 결합하면서 메타버스 가상세계 시장이 점차 확대되고 있습니다. 불과 수년 전까지만 해도 기존 VR 산업은 콘텐츠도 매우 부족하고, 실감적으로 구현할 수 있는 그래픽의 한계도 명확했습니다. 콘텐츠뿐만 아니라 하드웨어와 소프트웨어 측면에서도 기술적 완성도가 부족하다고 판단되었습니다. VR은 디자인 공학이나 의학 분야 등 몇몇 산업 분야에서는 일찍부터 주목받았고 쓰임이 있었지만, 대중이 즐길 수 있는 콘텐츠 측면에서는 확실히 부족한 점이 있었습니다. 하지만 현실 세계와 가상공간 간의 상호작용을 매끄럽게 구현해내는 것을 목표로 VR 산업은 달려나가고 있고, 이에 발맞춰 VR 관련 기술 수준도 점점 고도화되고 있습니다.

　앞 장(章)에서 설명했듯이 이런 기술력을 바탕으로 현재 메타버스는 게임에서 나아가 다양한 분야에서의 체험을 즐길 수 있는 소통의 공간으로 확장되고 있습니다. 이제는 배틀로열 게임인 포트나이트(FORTNITE)에서 가수들의 공연도 볼 수 있고, 액션 어드밴처 게임인 어쌔신 크리드(Assassin's Creed)에서 학우들과 함께 역사 공부도 할 수 있습니다. 어쌔신 크리드는 게임의 배경이 되는 각 국가와 그 지역의 역사적 건축물들을 충실한 고증으로 실감 나게 구현해놓은 것으로 유명합니다. 이 점에 착안한 캐나다의 한 고등학교 역사 교사가 학생들에게 어쌔신 크리드를 가입하도록 하여 아바타로 가상공간에서 함께 투어하며 역사 교육을 한 적이 있었습니다. 교사와 학생들이 각각의 캐릭터로 게임 세상 속에 구현된 디지털 그리스를 투어하며 그리스 건축물의 양식을 수업하는 방식이었습니다.

이 일을 계기로 어쌔신 크리드의 개발사 유비소프트(Ubisoft)는 2019년 9월 고대 그리스를 캐릭터 간의 격투나 퀘스트 등에 방해받지 않고 학습의 목적으로만 탐험할 수 있는 '디스커버리 투어(Discovery Tour)' 모드를 개발해 론칭했습니다. 2021년 2월에는 고대 이집트를 교육 목적으로 탐험할 수 있는 버전도 개발하여 선보였습니다. 게임인 어쌔신 크리드를 학습용으로 사용할 수 있게 한 것이지요.

최근에 많이 알려졌다시피 여러 플랫폼들에서 세미나를 열고, 졸업식을 개최하고, 채용 박람회를 열고, 축제를 하고, 패션쇼를 여는 등 지금껏 현실 세계에서만 진행해왔던 다양한 액티비티들을 메타버스에서 개최하는 사례가 증가하고 있습니다. 메타버스는 가상세계이지만 '또 다른 현실'이라는 사실을 잘 보여주는 사례들입니다.

다시 말해서 게임과 교육, 돈을 버는 일 등 여러 가지 활동이 가능하게끔 그래픽의 완성도와 서비스 속도 등의 기술 요소가 채워지다 보니, 현실 세계의 다양한 영역에서 메타버스 플랫폼으로 다양한 이벤트와 활동들이 자연스럽게 흘러들어 오고 있는 것입니다. 그렇기에 과거에 비해 현재의 VR 산업이 더욱 크게 주목받고 있습니다. VR 산업 자체만으로가 아닌 자연스럽게 VR이 메타버스에 편입되는 개념으로서 이해되며 재평가를 받고 있다고 봅니다.

물론 아직까지는 메타버스가 MZ세대에게도 일상적 트렌드로 자리 잡은 수준은 아닙니다. 구글 트렌드의 검색량 추이와 여러 기관의 리포트에 근거해 살펴봐도, 우리나라의 경우 메타버스는 실제 플랫폼을 사용하고 선호한다기보다는 많은 사람들이 관련 주식 종목의 투자 대상으로서 관심을 보이고 있는 양상입니다. 구체적으로 말하자면 Z세대가 메타버스와 관련하여 현실을 초월한 다양한 경험에 관심이 높은 반면, 30대 이상의 사람들은 다가올 미래에 대응하고 투자 목적으로 관심을 가지는 것 같습니다. 기성세대가 대체로 메타버스에 대해 현실감보다는 거리감을 느끼고 있는 것과 달리, MZ세대는 메타버스를 활용하는 데 긍정적인 인식을 가지고 있는 것은 분명

눈여겨볼 만한 점입니다.

기술과 문명에 관한 역사가 보여주듯, 닥친 문제를 해결하는 과정에서 기술의 편리함과 효율성을 추구하고, 새롭게 개발된 신기술을 적용하는 것에 대해 호기심을 느끼는 것은 인류의 보편적인 특성입니다. 'AI 시대가 온다', '4차 산업혁명이 도래한다', '메타버스 세상이 온다'와 같이 인류의 문제를 해결해 줄 신기술에 관한 명제들에 사람들의 관심이 쏠리고, 기술의 구체적인 실현 사례가 하나둘 늘어나며 믿음이 더해지면 결국 그런 흐름은 거스를 수 없는 파도로 연결되기 마련입니다. 기술의 방향을 정확히 예측할 수는 없지만, 여러 기술이 합쳐지며 융·복합을 일으키고 시너지를 내면서 또 다른 생태계가 구축될 것은 명약관화한 미래입니다.

어디까지가 메타버스 범위일까?

미래학자 로저 제임스 해밀턴(Roger James Hamilton)은 e스쿨뉴스(eSchool News)라는 디지털 신문에서 "2024년에 우리는 현재의 2D 인터넷 세상보다 3D 가상세계에서 더 많은 시간을 보낼 것으로 생각한다."라고 말한 바 있습니다. 향후 몇 년 안에 정말 이런 현실이 도래할지, VR 기술이 대중화될지 아직까지는 의 구심이 들기도 합니다. 메타버스는 마치 영화 〈레디 플레이어 원〉(2018년)처럼 아주 잘 짜인 가상세계만을 일컫는 것이 아니며, 당연히 꼭 그런 모습으로 구현되어야 하는 것도 아닙니다.

한국벤처투자의 '메타버스 트렌드리포트 2021'에 의하면, 전체 응답자 중 메타버스 인지자의 73%에 이르는 다수의 사람들이 메타버스와 관련해 '가상현실' 또는 '가상세계'를 떠올린 것으로 나타났습니다(2021년 기준 만 15~39세인 MZ세대 800명과 만 40~49세인 X세대 200명으로, 총 1,000명을 대상으로 조사). 한마디로 가상세계를 메타버스의 대표적 유형으로 인식하고 있는 것입니다.

그렇다면 도대체 메타버스의 범위는 어디까지일까요? 아직까지는 메타버스에 대한 범위가 정형화되어 있지 않지만, 메타버스가 떠오르고 관련 산업이 발전하면서 다음과 같이 4가지 유형으로 분류되고 있습니다. 이 분류는 미국의 기술연구단체인 ASF(Acceleration Studies Foundation)가 정의한 것으로, 현재 메타버스를 이해하는 데 도움이 되는 구체적이고 유의미한 개념적 틀로 사용되고 있습니다.

🌐 대표적인 '증강현실' 게임 포켓몬고(상)

출처: Wikimedia Commons, By Tumisu, CC0, https://commons.
wikimedia.org/wiki/File:Pokemon-go-1569794_1920.jpg

🌐 다양한 SNS 플랫폼에서 활발히 이루어지는 '라이프로깅'(하)

출처: Flickr, CC0,
https://www.flickr.com/photos/137346712@N07/26179375781

⊕ 대표적인 '거울세계' 서비스 내비게이션(상)

출처: Pixabay(Pixabay License), https://cdn.pixabay.com/photo/
2015/11/17/21/46/navigation-1048294_960_720.jpg

⊕ 디지털 기술로 만들어낸 3차원 가상세계 속 우주선(하)

출처: Pixabay(Pixabay License), https://cdn.pixabay.com/photo/
2016/09/29/15/59/star-wars-1703175_960_720.jpg

메타버스의 유형

⋇ **증강현실**(Augmented Reality) : 현실 세계 위에 그래픽으로 가상 이미지를 덧씌워 인지되는 세계를 증강·확장시키는 기술

⋇ **라이프로깅**(Life-Logging) : 일상의 경험을 디지털 공간에 기록하고 공유하는 행위

⋇ **거울세계**(Mirror World) : 내비게이션처럼 현실 세계의 정보와 구조를 디지털 공간 또는 서비스에 거울처럼 반영시킨 것

⋇ **가상세계**(Virtual World) : 컴퓨터 시스템, 즉 디지털 기술을 활용하여 새롭게 창조한 3차원 세계

위 유형을 살펴보면 생각보다 훨씬 더 메타버스의 범위가 넓다는 것을 알 수 있습니다. 일상에서 이루어지는 수많은 온라인 서비스도 넓은 의미에서는 모두 메타버스인 것이지요. 스마트폰을 들고 길거리를 돌아다니며 몬스터를 잡는 위치 정보 기반의 '증강현실' 게임 포켓몬고도 메타버스이고, 네이버 블로그나 페이스북, 인스타그램과 같이 시공간의 제약 없이 SNS에 접속해서 일상의 경험을 기록하는 '라이프로깅' 활동과 서비스들 또한 메타버스입니다. 어떠한 유형의 온라인 서비스든 그 자체를 하나의 세상으로, 디지털 세계로 볼 수 있습니다. 현실

세계를 거울처럼 그대로 모사하여 디지털 세계를 구현해 그 정보를 활용하는 '거울세계'도 메타버스입니다. 구글 맵이나 차량의 내비게이션은 물론, 배달앱 또한 같은 맥락에서 메타버스라고 볼 수 있습니다. 아예 컴퓨터가 구현한 가상 환경에서 또 다른 나인 아바타로 접속해 즐기는 '가상세계' 공간도 메타버스입니다. 대표적으로 제페토(ZEPETO)나 로블록스 같은 플랫폼을 꼽을 수 있겠지요. 그리고 보니 우리는 이미 멀티버스(Multiverse), 즉 다중우주에 살고 있었던 셈입니다.

《스페이스 오디세이》 시리즈로 유명한 SF 작가 아서 클라크(Arthur Clarke)는 "고도로 발달한 과학기술은 마법과 구별할 수 없다."라고 말했습니다. 메타버스 세계에 올라타 버추얼 휴먼을 개발하는 것이 직업인 제게도 근래에 펼쳐지는 세상의 모습은 매일매일이 경이롭기까지 합니다. 저희 회사와 주변 기업들에서는 버추얼 휴먼을 만들어서 다양한 분야에 응용하고자 하는 시도들이 활발하게 이루어지고 있습니다. 버추얼 휴먼을 도입하고자 하는 기업가나 관계자들이 '빨리 버추얼 휴먼을 만들어 달라, 그래서 셀러브리티(이하 '셀럽'으로 약칭)나 인플루언서로 키우고 싶다'라는 제안과 요청이 계속 들어오고 있습니다.

전문적인 기술을 직접적으로 다루는 사람이 아니어도, 이제는 컴퓨터와 약간의 창의력만 있으면 누구나 온라인 세상에서 크리에이터가 될 수 있습니다. 플랫폼 내에서 게임 개발자도 될 수 있고, 디지털 디자이너도, 디지털 건축가도 될 수 있습니다. 이런 개인의 다양한 창작 활동을 기반으로 메타버스는 매우 유의미한 공간으로 진화하고 있습니다. 물론 메타버스가 성공적으로 대중에게 안착하려면 기술적 완성도와 다양한 산업 분야에서의 범용성이 중요합니다. 아직 인공지능 기술을 비롯한 메타버스를 위한 첨단 기술들이 개발 단계에 머물러 있는 경우가 많고, 기술 발전을 위한 데이터의 확보나 처리 과정에서 사회적 합의가 어려운 상황을 고려하면 갈 길이 멀다는 생각도 듭니다. 하지만 여러 기업이 각자의 비즈니스 영역에서 인공지능을 활용할 수 있는 기술적 기반이 점차 마련되고 있고, 그 적용 가능한 범위 또한 점점 더 확대되고 있습니다.

스마트폰이 없던 기성세대가 어느 날 문득 정신 차리고 보니 모든 사람이 스마트폰을 활용해서 일상을 편리하게 누리는 세상이 된 것처럼, 어쩌면 머지않은 미래에 누구나 다양한 VR 또는 AR 웨어러블 기기를 착용하고 다채로운 메타버스에서 살아가는 것이 당연한 세상이 될 수도 있습니다.

현재 메타버스 열풍의 주된 배경에는 관련 기술의 완성도가 중요한 역할을 한 것이 사실입니다. 그렇지만 기술보다 더 중요한 역할을 한 것이 있다면 무엇일까요? 코로나19로 인해 강제로 받아들여야 했던 '비대면' 생활이 익숙해지면서, 기존에 대면으로만 해왔던 일을 비대면으로 전환해도 문제가 없다는 사람들의 인식이 전 지구적으로 확산되었기 때문이라는 분석이 지배적입니다.

〈워싱턴포스트(The Washington Post)〉는 "메타버스는 현재 존재하지 않으며 도착 날짜도 명확하지 않다. 증강현실과 가상현실은 2017년에 10억 명의 사람들을 오큘러스 헤드셋으로 데려오겠다는 저커버그의 약속에도 불구하고, 아직 대중의 관심을 끌지 못하고 틈새시장으로 남아 있다."라고 회의적인 입장을 밝힌 바 있습니다. 틀린 말은 아닙니다. 메타버스에 열광하는 사람들과 회의적인 사람들 간에는 기술 자체에 관한 인식뿐만 아니라 기술이 펼쳐 보일 미래 세상에 대한 기대의 격차도 상당히 큰 것이 사실입니다.

메타버스에 회의적인 사람들은 메타(구 페이스북)와 같은 유력한 IT 공룡 기업들의 신기술이 새로운 세상의 지평을 열기에는 형편없이 부족하다고 생각할 수 있습니다. 하지만 메타버스 회의론자들 또한 온라인 세상에서 하루의 일과를 기록하고, AI 비서와 대화하고, 배달앱으로 음식을 시켜 먹고, 화상으로 수업을 듣고, 유튜브로 보고 싶은 영상을 시청하고, 로블록스에서 오징어 게임을 하며 놀고, 내 아바타를 위해 멋진 디지털 의상을 구입해 뽐을 내는 데에 기꺼이 돈을 지불하고, 포트나이트에서 BTS 공연을 보며 열광하는 MZ세대의 일상을 부정할 수는 없을 것입니다.

물론 대중들이 플랫폼을 어떻게 인지하고 소비하느냐에 따라 더 빠르게 발전할 기술 분야와 그렇지 않은 분야가 나뉠 것이고, 메타버스 산업의 지형도도 달라질 것이 분명합니다. MZ세대를 주축으로 한 대중들의 손끝에서 진정한 혁신이 현실로 만들어지고 있다는 것입니다.

메타버스의 정의와 범위를 이야기할 때, '소셜 미디어도 메타버스냐'라고 질문하는 경우가 종종 있습니다. 앞에서도 설명했지만 저는 소셜 미디어가 유통, 소비되는 서비스 플랫폼이기에 메타버스라고 봅니다. SNS라는 디지털 환경에서 사람과 사람이 연결되고 소통이 발생하고, 그 과정에서 유의미한 다양한 활동들이 파생되고 자연스럽게 생태계가 조성되기 때문입니다. 메타버스의 한 유형인 라이프로깅 분야가 바로 SNS를 기반으로 하는 메타버스입니다.

상당수의 메타버스 서비스들이 '증강현실, 거울세계, 라이프로깅, 가상세계'로 명확하게 분류되기보다는, 특정 유형의 성격을 좀 더 강하게 가지고 있으면서 다른 유형의 성격도 동시에 가지고 있다고 보는 것이 적절합니다. 대표적인 예가 가상세계 게임이지만 커뮤니티와 스토리텔링 기반의 소셜 미디어 콘텐츠가 창작·소비되는 '세컨드라이프'입니다. 세컨드라이프에서 사용자는 자신의 아바타로 게임 속 가상세계를 살아가며 아바타의 인생을 기록하고 공유합니다. 아바타의 인생 이야기가 곧 소셜 미디어가 되고, 아바타와 아바타의 만남이 소셜 네트워킹이 되는 것이지요.

저희 회사의 경우 일단은 라이프로깅 분야에서 사업을 시작했지만, 가상세계로의 확장 기회를 계속 눈여겨보며 사업성을 타진하고 있습니다. 거울세계 분야 또한 아직까지는 잠들어 있는 공룡 같다는 생각을 합니다. 어스2(Earth 2)와 같은 가상 부동산 거래 플랫폼은 정말 큰 잠재력을 가지고 있다고 생각합니다. 배달의민족이나 쿠팡이츠도 모두 거울세계에 속한 서비스입니다. 어찌 보면 현재로서는 환상적인 가상세계보다 현실세계의 구체적 정보를 알차게 반영한 거울세계가 훨씬 더 사업적 가치가 있고, 현실 경제와 연결된 고리가 굉장히 짧다고 생각합니다. 거울세계에서도 버추얼 휴먼은 중요한 요소로 여러 영역에서 활용될 것이라는 기대감을 가지고 있습니다.

나의 라이프로깅이 자산이 되는 시대

라이프로깅은 문자 그대로 보면 '삶을 기록한다'라는 의미입니다. 하지만 이를 단순히 자신을 표현하고 개인의 자아 성찰을 위한 행위로만 보기에는 충분하지 않은 듯합니다. 좀 더 인간의 속성을 들여다볼 필요가 있습니다. 인간에게는 자신을 타인에게 보여주고 싶고, 이를 통해 타인과 연결되고 관계를 확장해 나가고픈 욕구가 있습니다. 본질적으로 인간에게는 소셜 네트워킹을 하고자 하는 욕구가 있다는 뜻입니다. 사회심리학자들에 따르면, 인간은 진화적으로 '집단 성향(groupishness)'이 있다고 합니다. 아득한 옛날부터 우리 조상들이 살던 환경은 서로 집단을 이루어 협력하고, 친구와 적을 구분할 줄 알아야 생존에 유리했을 것이기 때문입니다.

흥미로운 점은 인간이 타인과 관계를 형성할 때 자신이 조금이라도 더 영향력 있는 사람이길 원한다는 것입니다. 타인이 자신에게 관심을 갖기를 원하고, 자신의 목소리에 귀 기울여주기를 바란다는 것이지요. 정치인이건 연예인이건 인플루언서건 일반인이건 모두 그런 욕구가 있습니다. 타인에게 영향력을 발휘해서 관계를 확장하고 내 집단을 공고히 하고 싶은 욕구는, 생존이라는 경쟁 행동과 결부된 우리 몸의 DNA에 각인된 본성입니다.

라이프로깅의 대표적인 콘텐츠라고 할 수 있는 〈인간극장〉이나 〈나 혼자 산다〉, 〈나는 자연인이다〉 같은 프로그램을 생각해보면 이런 인간의 속성을 이해할 수 있습니다. 사실 이 방송 콘텐츠의 포맷을 보면 그렇게 고도화되고 차별적인 형식은 아닙니다. 특별한 반전도 없습니다. 출연자 개인의 스토리텔링에 대한 의존도가 굉장히 높습니다. 솔직히 포맷으로만 놓고 보면 특별한 콘텐츠라고 보기는 어렵습니다. 그럼에도 불구하고 거의 모든 방송사가 개인의 라이프로깅을 기반으로 한 유사 포맷의 콘텐츠를 계속해서 제작하고 있습니다. 실제로 시청률도 높아서 장수 콘텐츠로 편성되고 있습니다.

라이프로깅 콘텐츠들이 인기 있는 이유는, 인간은 혼자일 때조차 혼자가 아닌 사회적 존재이기 때문입니다. 인간은 본질적으로 타인에게 관심이 많습니다. 유명한 저널리스트 마이클 본드(Michael Bond)는 그의 저서 《타인의 영향력》에서 인간의 "부족을 이루려는 기질은 사회적 연결에 대한 인간 본연의 갈증뿐만 아니라 외로움의 고통스러운 영향도 설명해준다."라고 말했습니다. '집단 속의 나'라는 개인의 정체성에 대한 고민이 깊은 만큼 타인의 삶에도 관심이 있다는 뜻이겠지요.

저는 귀농한 사람들이 자신의 경험담과 현재 농부로서의 일상을 보여주고 이야기해주는 한국농업방송(NBS) 채널의 프로그램을 즐겨 시청합니다. 이 역시 라이프로깅 콘텐츠라고 볼 수 있습니다. 신사업을 기획하고 버추얼 휴먼을 개발하면서 늘 새로운 기술에 눈과 귀를 활짝 열고 공부해야 하다 보니, 아이러니하게도 자연에 대한 로망이 생긴 듯합니다. 특히 젊은 나이에 시골로 귀농해서 생활하는 사람들이 어떤 생각을 갖고 있는지, 그 사람들은 정말 행복한지, 라이프 스타일은 어떤지, 일상 루틴은 어떤지 호기심을 갖고 보게 됩니다. 그 청년들이 저와는 일면식도 없는 완전한 남임에도 말이지요.

　라이프로깅은 개인의 삶을 디지털 공간에 기록하는 것이기에, 현재로서는 버추얼 휴먼과 가장 밀접한 영역이라고 볼 수 있습니다. 가상 인플루언서들이 자신의 활동 모습을 그때그때 보여주고 대중과 소통하기에 더없이 적합한 영역이기 때문입니다. 과거에는 보통 텍스트나 사진을 블로그에 포스팅함으로써 라이프로깅이 이루어졌습니다. 요즘에는 인스타그램처럼 사진 위주로 일상을 기록하거나, 유튜브 브이로그(V-log)나 틱톡처럼 일상을 동영상으로 촬영하여 기록하고 보여주는 방식이 인기가 더 높습니다. 타인들에게 지속적으로 나를 보여주기 위해 좀 더 효과적인 매개체가 텍스트에서 사진과 동영상으로, 즉 시각적인 콘텐츠로 옮겨간 것입니다.

　결국 라이프로깅이 보편화된 데에는 스마트폰의 대중화와 기능의 발전을 빼놓고는 설명할 수 없습니다. 스마트폰이 필름 카메라를 대체하면서 손쉽게 내 일상을 기록하고 디지털로 옮길 수 있게 되었기 때문입니다. 스마트폰에는 수많은 첨단 기능이 탑재되어 있지만, 특히 카메라의 기능은 새로운 스마트폰이 출시될 때마다 계속 업데이트되어 나날이 고도화되고 있습니다. 이미 수년 전부터 스마트폰만으로 영화 촬영도 할 수 있고, 라이브 스트리밍을 통해 개인 방송을 진행할 수도 있습니다. 이제는 DSLR 카메라와 같은 고가의 전문 촬영 장비를 구입하지 않고도 얼마든지 좋은 사진과 동영상을 촬영할 수 있습니다.

여기서 주목할 점은 텍스트에서 사진, 그리고 동영상으로 점점 더 SNS의 사용 패턴이 비주얼, 즉 시각 중심으로 변화하면서 보다 나은 외모를 추구하고, 타인의 눈에 매력적인 존재가 되고자 하는 욕구가 커졌습니다. SNS에 사진이나 영상을 포스팅할 때 자신의 모습을 조금이라도 더 아름답고 멋있게 가공해서 올리려고 하는 사람들이 많아졌습니다. 굳이 인간의 속성을 파고들지 않아도 예쁜 얼굴, 타인에게 좀 더 멋진 사람이고 싶은 욕구는 세계 공통인 것이지요.

신사업을 기획하고 사업 개발 업무를 추진할 때 단순하지만 반드시 기억해야 할 명제가 있습니다. 사업이란 고객이 원하는 수요를 채워주거나 또는 괴로운 지점을 치유해주고, 그에 따른 대가를 받는 것이라는 점입니다. 근래 버추얼 휴먼 비즈니스가 각광받고 있는 이유 중의 하나는 영상화된 소셜 네트워킹 시대에 이 두 가지 지점을 모두 충족시켜 줄 수 있다는 점 때문입니다.

이러한 맥락에서 가상 얼굴을 개발하는 저희 디오비스튜디오에게는 매력적인 버추얼 휴먼을 만드는 다른 기업들뿐만 아니라, 외모의 단점을 개선할 수 있는 미용 시술이나 성형수술, 포토샵, 사진 보정 앱도 중요한 경쟁자입니다. 정도의 차이가 있을 뿐 많은 사람들이 이미 다양한 방식으로 자신의 이미지를 보정해 타인과 관계를 형성하고 확장하는 데 활용하고 있습니다. 버추얼 휴먼을 만드는 가상 얼굴 기술 역시 예쁘고 매력적인 모습으로 타인에게 보이고 싶다는 인간의 기본적인 욕구를 충족시켜 주는 기술임에 틀림없습니다.

저희 사업이 이러한 인간의 니즈(needs)를 다루는 일이기에 외모지상주의를 부추긴다라는 비판도 많이 받고 있습니다. 인공지능 기술로 상업적으로 활용하기 위한 가상 얼굴을 만들어 낸다는 것에 대해서 아직은 심한 이질감과 부정적인 감정을 가진 사람이 많습니다. 저 역시 충분히 이해가 됩니다. 그래서 딥페이크(Deepfake) 범죄와 같이 기술을 악용할 수 있는 여지를 고려해 굉장히 조심스럽게 사업을 추진하고 있습니다. 가상 얼굴을 잘 만드는 기술뿐만 아니라 가상 얼굴로 인해 발생할 수 있는 문제들을 방지할 수 있는 기술적 장치들도 함께 개발해 나가고 있습니다. 신기술 사업이 늘 그렇듯 장점과 단점이 공존하다 보니 양날의 검과 같은 상황에 놓여 있는 것이지요.

그렇지만 버추얼 휴먼 기술을 어떤 시각으로 보느냐에 따라 새로운 기회를 만들어갈 수도 있습니다. 기업뿐만 아니라 개인에게도 전혀 다른 인생 경험이라는 놀라운 가능성을 열어줄 수 있습니다. 누구나 마음 한편에는 '부캐(부 캐릭터)'로서 좀더 자유롭게 소통하며 또 다른 삶을 살아보고 싶은 욕구가 있지 않을까요. 꼭 예쁜 외모가 필요하다는 얘기가 아닙니다. 자신의 부캐에 걸맞은 외모를 갖추고, 내적 역량을 좀 더 자유롭게 보여줄 수 있는 기회가 될 수 있다는 뜻입니다.

앞으로 현실과 가상세계의 상호작용이 보다 일상화되는 메타버스 시대에는 가상세계에서 자신의 모습을 다양하게 구현하고자 하는 욕구가 자연스러운 니즈가 될 것입니다. 그렇게 오프라인과 온라인의 삶의 경계가 허물어지면서, 그 변화의 방향에 따라 기존 삶의 방식은 더 이상 유효하지 않을 수 있습니다. 기존 상식까지도 말입니다.

앞에서 언급했듯, 메타버스에서의 진정한 소통을 위한 대상은 꼭 인간이 아닐 수도 있습니다. 특히 MZ세대에게는 디지털 세상에서 만나고 교류하고 친구가 되는 대상이 실제 인간이 아니어도 아무런 문제가 되지 않습니다. 그래서 가상인간이라는 내 디지털 분신을 통해 SNS로 소통하고자 하는 욕구는 더 확대될 것으로 전망됩니다.

게다가 우리의 주도적인 라이프로깅 활동으로 일상이 데이터화되는 방식 외에도, 스마트폰이나 각종 사물인터넷 기기를 통해 자동적(특히 시스템 허용)으로 라이프로깅 되는 시대에 살고 있다는 것 또한 기억할 필요가 있습니다. 대표적으로 건강관리 앱이나 스마트홈 시스템 등을 예로 들 수 있습니다. 우리가 남긴 기록들은 다양한 산업 영역에서 데이터로 활용되어 마케팅을 펼치거나 새로운 비즈니스를 개발할 때에 사용됩니다. 개인의 라이프로깅 정보는 개인 각자의 자산일 뿐만 아니라 기업의 자산이 되고 있습니다. 메타버스 시대에는 이런 라이프로깅 정보들이 기업의 여러 시도와 결합하여 결과물들을 만들어 내면서 더욱 환금성을 띌 것입니다.

메타버스가 궁극적으로 어떤 개념으로 합의될지는 저 역시 확신하기는 어렵습니다. 분명한 건 메타버스가 어떤 모습, 어떤 유형으로 사람들의 수요를 구체화하고 충족시켜 주든, 그 속에는 버추얼 휴먼이 함께 있을 것입니다.

아바타와 교감하는 인간

우리는 이미 ID와 닉네임이 본인의 실명만큼이나 많이 불리는 시대에 살고 있습니다. 기성세대에게는 유치하고 괴리감이 느껴질 수도 있겠지만, 부캐로 불리는 가상세계의 나인 '아바타'는 MZ세대에게는 익숙한 존재입니다. 아바타로 활동하는 국내의 대표적 메타버스 플랫폼인 제페토의 경우, 현재 약 2억 명의 가입자가 활동하고 있다고 합니다. 이들 가입자 대다수는 10대인 것으로 조사되고 있습니다. Z세대가 살아가는 또 다른 세상인 것이지요. 그럼 Z세대는 왜 그들의 삶을 가상공간에 채우고 싶어 하는 것일까요? 미래의 주요한 경제주체인 이들 젊은 세대가 왜 가상세계에서의 삶을 선호하는지 그 이유를 면밀히 관찰하면, 기성세대의 미래 생존을 위한 공부가 될지도 모르겠습니다.

MZ세대의 선호나 수요에 관한 조사에 따르면, MZ세대가 가상세계에 접속하기를 선호하는 이유는, 현실 세계보다 자유롭게 표현할 수 있고 성취감도 더 많이 느낄 수 있기 때문입니다. 경제력을 비롯해 사회적 지위나 의사결정권 등 여러 가지 면에서 기성세대보다 불리할 수밖에 없는 MZ세대가 현실에서 결코 할 수 없는 일도 가상세계에서는 이룰 수 있기 때문입니다. 유토피아와 같은 이상적인 메타버스에서는 아바타나 캐릭터로 활동하기에 나이도 중요하지 않고, 인종 차별이나 성차별 등의 문제도 거의 없으며, 다양성을 존중하는 수평적인 문화가 보편적인 가치로 작동하리라 기대할 수 있습니다.

같은 맥락에서 보면 MZ세대에게 현실 세계는 이런 기대감이 충족되지 않는 힘겨운 세상이라는 뜻이겠지요. 아바타로 활동하기를 좋아하는 데에는 여러 이유가 있겠지만, 종합적으로 고려해보면 주된 동기는 현실의 어려움과 부족함을 보상받고자 하는 심리가 작동하는 것은 아닐까 생각됩니다. 현실 세계와 디지털 세계를 넘나들면서 필요한 부분들을 살뜰히 채우는 것이지요.

이 장에서는 다음 주제인 버추얼 휴먼을 자세히 살펴보기 전에, 메타버스 세계관을 구상하고 실제로 구현함으로써 버추얼 휴먼 분야에 큰 영감을 준 몇몇 사례들을 소개하며 1부를 마무리하고자 합니다.

세컨드라이프와 미니라이프 사례

가장 대표적으로는 앞서 언급한 세컨드라이프라는 게임을 꼽을 수 있습니다. 2003년에 린든랩(Linden Lab)이 개발한 세컨드라이프는 국내에서는 많이 알려지지 않았지만, 해외에서는 한때 큰 관심을 받았던 3차원 가상현실 게임입니다. 물론 아바타의 조작은 현재와 비교해서 상당히 낮은 수준이었지만, 당시로서는 자율성이 높은 편이었습니다. 실제 세계를 배경 그래픽으로 디지털 공간에 유사하게 구현해 다양한 경험을 할 수 있도록 서비스를 제공했습니다. 현재 로블록스에서 사람들이 게임을 하고 여러 경험을 즐기고 경제 활동을 하듯이 세컨드라이프에서도 마찬가지였습니다. 빈약한 네트워크 환경과 몰입감을 떨어뜨리는 아쉬운 그래픽에도 불구하고 사용자가 고사양의 기기를 갖춰야 한다는 여러 기술적 제약 때문에 가입자 수가 늘지 않아 서서히 잊히는 듯했지만, 서비스가 종료되지는 않았으며 지금도 여전히 그 세계에서 활동하고 있는 사람들이 있습니다.

일례로 밀라 밴더빌트(Meela Vanderbuilt)는 올해로 9년째 세컨드라이프에서 아바타 라이프를 즐기는 것으로 유명세를 탄 크리에이터입니다. 2019년부터는 세컨드라이프에서의 활동을 라이브 스트리밍 또는 동영상으로 편집하여 유튜브에 업로드하고 있습니다. 2019년 11월부터 2021년 9월까지 무려 약 270편의 세컨드라이프 관련 동영상을 업로드했습니다. 세컨드라이프에서 친구를 만나고, 쇼핑을 하고, 다양한 의상이나 액세서리로 자신을 꾸미는 것에서 나아가, 기업 스폰서 광고까지 유치하여 세컨드라이프 공간에 장착하는 등의 방식으로 돈을 벌어들이기도 합니다.

세컨드라이프의 창업자 필립 로즈데일은 "나는 게임을 만든 것이 아니라, 새로운 국가를 만든 것이다."라고 말한 바 있습니다. 이처럼 세컨드라이프는 일찌감치 메타버스의 개념을 구체화해 '메타버스의 첫 번째 물결'이라고 불리며, 현재까지도 많은 IT 사업자들에게 영감을 주고 있습니다.

가상세계에서 아바타로 활동하며 실제 사람처럼 생활하는 방식의 소셜 네트워크 서비스는 세컨드라이프가 유일한 것은 아닙니다. 국내에도 이 같은 서비스가 있었습니다. 바로 싸이월드의 '미니라이프'라는 가상현실 기반 커뮤니티 서비스입니다. 안타깝게도 이 서비스는 오래 유지되지는 못했고 단기간 운영하다가 사업을 정리했습니다. 사실 그때의 미니라이프와

🌐 메타버스 플랫폼의 원조라 불리는 '세컨드라이프'의 아바타들

출처: Wikimedia Commons, By HyacintheLuynes, CC BY-SA 3.0,
https://commons.wikimedia.org/wiki/File:
Second_Life_11th_Birthday_Live_Drax_Files_Radio_Hour.jpg

지금의 제페토를 비교해보면, 비즈니스 모델이나 시스템 운영 차원에서 큰 차이는 없습니다. 물론 지금의 제페토가 발전한 기술력을 바탕으로 당시의 미니라이프에 비해 압도적으로 뛰어난 UI(사용자 인터페이스)와 UX(사용자 경험)를 제공하고 있고, 훨씬 다양한 동작을 가능하게 해 캐릭터의 자율성이 높다는 점에서는 큰 차이가 있습니다.

실제로 미니라이프에서는 아바타들이 서로 만났을 때 상호작용할 수 있는 동작들이 매우 제한적이었습니다. 손을 흔들며 인사하기, 껴안기, 뽀뽀하기 등 몇 가지 동작밖에 할 수 없었기 때문에 디지털 세상에서 아바타로 살아본다는 개념이 뚜렷하지 않았습니다. 당연히 아바타 자체를 버추얼 휴먼으로 인지할 만한 이유가 충분하지 않았습니다. 미니라이프의 아바타들은 분명 이용자의 부캐였고 분신이었지만, 버추얼 휴먼이 아닌 디지털 캐릭터로 소비될 뿐이었습니다.

하지만 미니라이프 사례에서 알 수 있듯이 기술적으로 고도화되지 못했고 가상세계가 다채롭지 못했던 것뿐이지, 실제 삶을 가상세계에 구현해보는 개념이나 시도들은 많았습니다.

현재의 메타버스 플랫폼은 포트나이트처럼 사용자가 마우스와 키보드 버튼을 누르면 총싸움을 하고 무술을 하고 점프를 하는 식의 정해진 동작만 하는 것이 아닌 더욱 확장된 개념으로 발전하고 있습니다. 사용자의 아바타가 즐기면서 놀 수 있도록 자율성이 주어지는 '오픈 월드형' 플랫폼으로 나아가고 있습니다. 그 세계에서 다른 아바타들과 대화하고 그냥 노는 것이지요. 공연을 보면서 아티스트의 춤을 따라 할 수도 있습니다. 개성 있는 다양한 춤을 출 수 있을 만큼 아바타의 자율성이 높아졌다는 뜻입니다.

<레디 플레이어 원>과 <써로게이트> 사례

아바타의 자율성 측면이 고도화되고 기술의 발전을 가속화한 미래 사회를 그린 대표적인 영화로는 〈레디 플레이어 원〉과 〈써로게이트〉(2009년)가 있습니다.

〈레디 플레이어 원〉의 재미있는 관전 포인트 중의 하나는, 우리가 익히 알고 있는 수많은 디지털 캐릭터들이 영화 속에 등장한다는 것이지요. 배트맨, 슈퍼맨, 잭 스패로우, 영화 〈아바타〉의 나비족, 〈토이 스토리〉의 버즈 라이트이어, 〈드래곤볼 Z〉의 손오공과 피콜로, 건담, 스펀지밥 등등 무려 130개 이상의 유명 캐릭터가 등장합니다. 이 캐릭터들은 기존의 영화나 게임, 만화 속에서는 단순히 캐릭터에 불과했습니다. 주어진 스토리텔링 안에서 움직이고, 그 지식재산권(IP)의 스토리텔링이 종료되면 후속편이 나오기 전에는 움직일 수 없습니다. 스스로는 또 다른 스토리텔링을 만들 수 없는 피동적인 캐릭터에 불과했습니다.

그런데 〈레디 플레이어 원〉의 세계관에서는 VR 게임의 이용자들이 이 캐릭터들을 자신들의 아바타로서 조종합니다. 몸에 부착된 다양한 센서를 이용해서 실제로 본체인 사람이 움직이는 동작과 말들을 아바타가 그대로 구현해내는 '버추얼 휴먼'의 개념으로 출연한 것이지요. 〈레디 플레이어 원〉에서 주목할 만한 또 한 가지는, 실체끼리의 만남을 전제로 한 인간관계만이 유일하거나 절대적인 것은 아니라는 시각입니다. 가상 세계에서 아바타를 통해 만나는 것으로도 인간관계가 형성되고 발전하고 유지될 수 있음을 보여준 것입니다.

〈써로게이트〉는 인간이 로봇을 '대리체(Surrogate)'로 삼아 살아가는 미래 사회를 그린 영화입니다. 인간과 대리체는 정교한 컴퓨터 시스템에 의해 서로 연결되어 있고, 세상의 활동적인 경험은 거의 모두 아바타인 대리체를 통해 이루어집니다. 인간은 집 안에서 더욱 발전한 HMD 기기를 쓰고 대부분 누워서만 지냅니다. 이 시대의 사람들은 본체인 자신의 모습을 숨기고 완벽한 피지컬의 대리체 로봇으로 거리를 활보하고 사회생활을 합니다. 운동이나 성형수술 없이 대리체를 통해 완벽한 외모를 가질 수 있는 것이지요. 사람들은 아바타인 대리체를 통해 누구든 될 수 있고, 위험한 상황도 모면할 수 있습니다.

〈써로게이트〉는 인간이 본인의 육신으로 생활하지 않고 대리체를 통해 육체적인 대부분의 활동을 대신하는 것이 더 나은 삶이라고 믿고 있는 세상에 의문의 사건이 터지면서 그로부터 제기되는 인간의 진정한 조건이 무엇인지를 묻는 영화입니다. 영화 말미에 세상의 대리체가 모두 파괴된 후 방송을 통해 흘러나오는 "현재로서는 몸으로 직접 부딪쳐야 할 것입니다."라는 멘트가 굉장히 인상 깊게 다가왔던 영화입니다.

〈레디 플레이어 원〉과 〈써로게이트〉에서 기술로 구현한 미래의 디지털 세상은 얼핏 완벽해 보입니다. 하지만 사실 아바타 뒤에 숨겨진 인간의 본모습과 실상은 초라하고 비참합니다. 두 영화는 아바타를 만드는 주요 동기로 현실의 부족함과 상실감을 가상세계에서 보상받고자 하는 심리로 설정하고 이야기를 끌어나가고 있습니다. 두 영화처럼 가상인간과 관련된 영화들은 아직은 기술과 미래 사회에 대한 긍정적인 기대감보다는 부정적인 전망을 표현한 경우가 더 많습니다.

그렇기에 아무리 픽션이라고 해도 가상인간을 개발하는 사람으로서, 이런 SF 영화들이 던져주는 문제 제기에 더욱 촉각을 곤두세울 수밖에 없습니다. 기술을 처음 개발할 때 목적 자체는 사람을 이롭게 하는 것이었는데, 그런 본연의 의도와는 상관없이 기술이 악용되는 사례들이 언제나 존재해왔습니다. 저희 같은 스타트업들이 비즈니스 개발에 늘 조심스러워하고, 사회적 책임을 염두에 두는 이유이기도 합니다.

이 두 영화는 아바타에 가려진 인간의 익명성을 보장해주는 것이 어떤 측면에서는 긍정적으로 작용하지만, 아바타라는 익명성 뒤에 숨어서 각종 범법 행위를 일삼는 악용의 여지와 육체적·정신적으로 건전한 삶을 자칫 피폐하게 만들 오용의 여지가 있다는 것을 극적으로 보여주는 사례입니다. 재미로 본 영화들이 신기술을 개발할 때 악용되는 사례를 방지하거나 최소화하기 위해 어떤 카운터(대응) 기술을 마련해야 할지, 기술이 순기능으로 활용될 수 있게끔 나아가도록 하는 데 강한 영감을 준 경우입니다.

K/DA와 에스파 사례

〈레디 플레이어 원〉에서처럼 실제 사람이 디지털 세상에서 아바타로 살아가는 것과 달리, 가상세계 속 캐릭터를 현실 세계로 끄집어내 실제 인간을 아바타로 내세운 역발상의 사례도 있습니다. 바로 걸그룹 'K/DA'입니다. K/DA는 2018년에 데뷔한 K팝 걸그룹인데, 우리나라의 '(여자)아이들'이라는 걸그룹 멤버인 미연과 소연이 참여했고, 또 매디슨 비어(Madison Beer)와 자이라 번스(Jaira Burns)라는 해외 아티스트도 구성원으로서 참여했습니다. 이 네 명의 아티스트들은 게임 캐릭터를 모티브로 하여 구성되었는데, '리그 오브 레전드(League of Legends)'라는 게임 캐릭터의 현실 세계 아바타로 데뷔했습니다. 재미있는 발상이지요. 이 게임 속 캐릭터인 '아리, 카이사, 이블

🌐 K/DA의 앨범 'All Out '(2020년) 커버 이미지

출처: Wikimedia Commons, By Evelynn123eve, CC BY-SA 4.0,
https://commons.wikimedia.org/wiki/File:Kda-all-out-ep_(1).jpg

린, 아칼리'를 현실 세계로 끄집어내기 위해 실제 사람 아바타를 만든 셈입니다. 즉 리그 오브 레전드라는 가상세계에서는 고유의 게임 캐릭터로 존재하고, 현실 세계에서는 동일시되는 존재인 인간 K/DA가 활동합니다. 인간의 아바타를 디지털 세계에 구현하는 것은 익숙한 일인데, 그 역발상을 구현해낸 것입니다. 현실 세계와 디지털 세계를 넘나드는 구상을 보여줌으로써 메타버스와 버추얼 휴먼에 대한 대중의 상상력을 자극한 사례입니다.

K/DA는 대중들의 관심을 끄는 데에 그치지 않고 실제로 현실 세계에서 큰 영향력을 일으키며 놀라움을 안겨주었습니다. K/DA는 2018년 '리그 오브 레전드 월드 챔피언십' 오프닝 무대에서 '팝스타'라는 곡으로 화려한 공연을 선보였습니다. 이 공연 영상은 유튜브에서 공개 2일 만에 약 1,100만 뷰에 이르는 조회 수를 달성했습니다. 이 곡은 이후 아이튠즈 K팝 차트에서 1위를 기록했고, 아이튠즈 팝 차트에서는 2위를 기록했습니다. 현재 월드 챔피언십 공연 오프닝 유튜브 영상은 누적 조회 수 약 5,300만 회를 넘어섰고, 공식 뮤직비디오 영상은 누적 조회 수가 약 4억 8,000만 회에 달합니다. 이런 엄청난 인기에 힘입어 K/DA는 2020년에 신곡을 발표하며 컴백했습니다. K/DA의 인기는 좀처럼 식지 않는 리그 오브 레전드 게임의 인기와 더불어 여전히 현재진행형입니다.

국내에도 K/DA와 유사한 시도를 한 걸그룹이 있습니다. 바로 '에스파(aespa)'입니다. 에스파의 소속사인 SM엔터테인먼트는 이 그룹에 대한 언론 인터뷰에서 "현실과 가상의 경계를 넘어선 메타버스를 배경으로 시간과 공간에 제약 없이 아티스트가 활동할 수 있는 '아바타' 멤버가 있었으면 좋겠다."라는 취지로 에스파를 기획했다고 합니다. 2020년 11월에 데뷔한 에스파는 현실 세계의 멤버 4명과 가상세계의 아바타 멤버 4명으로 구성되어 활동함으로써 대중에게 큰 주목을 받고 있습니다. 4인조 걸그룹이면서, 동시에 애니메이션 타입의 아바타(VFX 전문 기업인 자이언트스텝이 제작)를 멤버마다 한 명씩 보유하고 있습니다.

에스파의 세계관은 촘촘한 스토리텔링으로 뒷받침되고 있는데, 디지털 아바타들이 실존 인물들의 데이터를 기반으로 생성되었다는 설정입니다. 인공지능이 실재하는 데이터를 기반으로 가상인간을 만드는 방식을 차용한 것입니다. 이 아바타들을 현실 세계에 소환할 수 있고, 실제 에스파 멤버들과도 대화하며 상호작용할 수 있다는 콘셉트로 멤버와 아바타가 함께 인터뷰에 응하거나 뮤직비디오에 출연하기도 합니다. 이렇게 잘 짜인 세계관과 흥미로운 영상 콘텐츠로 SM엔터테인먼트만의 '광야'라는 메타버스 세계관을 보여주고 있습니다.

앞에서 살펴보았듯이 아바타로 대표되는 가상인간은 디

스토피아 영화에서 그려지듯 부정적인 측면이 분명히 존재합니다. 그러나 사람들의 일상에 활력을 주고, 부족한 면을 충족시켜 주는 긍정적인 기능을 한다는 측면에서 수요가 높은 분야이기도 합니다.

소프트웨어정책연구소의 '메타버스 비긴즈' 리포트는 메타버스 플랫폼의 장점에 관해 다음과 같이 요약했습니다. "메타버스는 시공간의 제약이 없다는 확장성, 현실 세계와 유사한 실재감, 미래 잠재고객인 10~20대 이용자에 대한 접근성, 커뮤니티 중심의 연대 등의 장점이 많아 실제로 다양한 분야의 기업과 사업자들의 참여를 유도하고 있다."

이러한 메타버스의 중심에서 가상인간은 현실과 가상세계를 연결해 주는 역할을 하며, 동시에 또 다른 나, 개개인의 부캐로서 존재할 것입니다. 〈써로게이트〉의 미래 세상처럼 대리체라는 비(非)인간이 나의 현실을 잠식하는 것이 아니라, 현실에 발 딛고 있는 인간이 가상세계라는 우주로 내 삶의 영역을 확장하는 데 도움을 줄 수 있는 것입니다. 가상인간이 사람들 개개인의 매력을 발굴하고 삶을 윤택하게 하는 방향으로 긍정적인 역할을 할 수 있는 흐름이 이어질 수 있도록 관련 기업과 사용자들 모두가 함께 노력해야 할 것입니다.

🌐 가상과 현실의 연결,
메타버스 시대를 위해 디지털 네트워크 라인으로 조작된 도시

VIRTUAL HUMAN

universe 2

버추얼 휴먼

: 가상세계의 신인류

버추얼 휴먼 전성시대

'버추얼 휴먼'을 자세히 알아보기에 앞서, 가상세계에서 활동하는 컴퓨터그래픽으로 구현된 캐릭터나 인물을 지칭하는 여러 용어적 표현에 대해 짚어볼 필요가 있습니다. 현재 이러한 존재는 '가상인간'이라 표현하기도 하고, '인공인간'이나 '디지털 휴먼'으로 불리기도 합니다. 이외에도 여러 용어가 함께 쓰이고 있는데, 여기서는 주로 사용되는 네 가지 용어의 개념적 차이에 집중해서 살펴보도록 하겠습니다.

먼저 가상인간은 언론에서 더 많이 통용되는 표현인데, 말 그대로 가상의 존재를 의미합니다. 현실에 실재하지 않는 존재라는 개념을 나타내는 용어입니다. 한마디로 실존 인물이 아니라는 것이지요.

인공인간은 신이 아닌 인간에 의해 제작된 인공적 산물이라는 개념으로 설명할 수 있습니다. 인간이 만들어낸 피조물이라는 뜻이지요. 즉 인공인간은 제작의 주체가 누구인가를 기준으로 본 표현이라고 말할 수 있습니다.

디지털 휴먼은 최근 메타버스 열풍과 더불어 '디지털 세계'라는 표현이 흔히 사용되면서 함께 자주 언급되는 용어입니다. 따라서 디지털 휴먼은 메타버스라는 디지털 세상 속에 구현된 인격을 지닌 아바타라고 말할 수 있습니다. 또한 얼굴이나 몸, 목소리, 지능 같은 인간의 일부분이나 전부를 디지털 소스로 대체한(즉 실제 사람을 대체하는) 디지털 신인류를 의미하기도 합니다.

마지막으로, 버추얼 휴먼(Virtual Human)은 그대로 직역하면 '가상인간'이라고도 할 수 있습니다. 그런데 굳이 버추얼 휴먼이라고 구별하여 지칭하는 이유는, IT 산업 분야 중에서 VR 즉 '버추얼 리얼리티(Virtual Reality)' 산업 분야와의 연관성을 표현하기 위해서입니다. VR은 컴퓨터그래픽을 현실과 가깝게 구현해내는 다양한 그래픽 기술을 기반으로 게임, 영화와 같은 실감 콘텐츠 제작은 물론 가상 오피스, 가상 회의실 구현 등 다양한 활용도를 갖춘 산업입니다. VR은 메타버스라는 표현이 주목받기 수년 전부터 다양한 산업에 접목될 것으로 기대되며 많은 주목을 받았었습니다. 그러나 메가 트렌드가 될 분야로 추앙받던 VR은 안타깝게도 다수의 VR 콘텐츠에 필수적으로 사용해야 하는 HMD 장비의 높은 가격과 장시간 사용할 때의 오심과 멀미감 등의 이유로 인해 화려하게 타오를 것 같던 기세가 주춤해지고 말았습니다. 신기술과 그 기술로 새롭게 등장하는 콘텐츠에 열광하는 저 같은 사람들에게 버추얼 휴먼이란 표현은 VR이 뜨겁게 주목받을 때의 흥분과 기대감을 상기시킵니다. 그런 의미에서 버추얼 휴먼은 가상인간이되, 최대한 현실과 동일한 그래픽과 체험을 제공하기 위한 VR 산업의 계보를 잇는 존재로서, 메타버스 트렌드와 연관 산업의 주된 아이콘 중 하나로 해석될 수 있습니다.

저는 이 용어들 중 '버추얼 휴먼'을 주로 사용하는데, 가상인간이라는 직설적이고 포괄적인 표현보다는 버추얼 휴먼 쪽이 개념적, 산업적 측면에서 좀 더 적확하다고 보기 때문입니다.

저희 회사의 '루이'를 기획할 때 머릿속에 떠올린 개념도 버추얼 휴먼에 가장 가까웠습니다. 물론 루이를 가상인간이나 인공인간, 디지털 휴먼으로 칭해도 잘못된 표현은 아닙니다. 기술적으로 첨단의 인공지능을 사용했고, 인공적으로 사람에 의해 만들어진 얼굴을 장착했기 때문입니다. 디지털 세상 속에서만 보이며 현실 세계에서는 볼 수 없기도 하고요. 그렇지만 루이를 개발할 때 상상 속 '버추얼 리얼리티'라는 영역에서 가상으로 구현해낸 인물이기도 하고, 실제 인간과 상당히 가까운 텍스처(texture)를 구현해냈다는 면에서 기존에 칭했던 가상인간이나 인공인간이라는 표현보다는 버추얼 휴먼이 적합하다고 보았습니다.

버추얼 휴먼은 기술적으로 VR은 물론이고 AR(Augmented Reality, 증강현실)과 MR(Mixed Reality, 혼합현실), 나아가 XR(Extended Reality, 확장현실) 분야와 밀접한 개념이기도 합니다. 그리고 기술적인 요소뿐만 아니라 산업적으로 다양한 분야에 활용도가 높은 존재라는 것을 상징적으로 보여주고 싶어서 버추얼 휴먼이라는 표현을 자주 사용하고 있습니다.

인격이 없는 버추얼 휴먼은 데이터 뭉치

종종 강연이나 인터뷰를 할 때면, 버추얼 휴먼과 디지털 캐릭터가 어떤 차이가 있는지 자주 질문하곤 합니다. 버추얼 휴먼을 단순히 기술적으로 컴퓨터그래픽 기술을 통해 실제에 가깝게 구현해낸 인물이라고만 정의한다면, 디지털 캐릭터를 버추얼 휴먼으로 볼 수도 있을 것입니다. 하지만 이 둘은 개념적으로 큰 차이가 있습니다.

1부에서 메타버스를 살펴보면서 설명했듯이, 버추얼 휴먼은 '가상세계를 비롯한 디지털 세상에 존재하는 캐릭터로, 이용자 입장에서 인격으로 인정되는 존재'라고 정의할 수 있기 때문입니다. 가상의 디지털 캐릭터가 인격으로 인정받기 위해서는 최소한 두 가지의 필요조건을 충족해야 합니다.

첫 번째는 타인과 즉각적이고 원활한 상호작용이 가능해야 합니다. 근래 대부분의 버추얼 휴먼들은 인스타그램과 틱톡, 유튜브 등의 SNS 계정에서 활동하고 있습니다. 사진과 동영상을 올려 콘텐츠를 보여주고 '좋아요'나 '댓글' 등으로 반응하는 사람들에게 대댓글이나 또 다른 콘텐츠로 화답하는 방식으로 마치 인간 인플루언서가 하듯 상호작용을 이어갑니다. SNS에서 화려한 콘텐츠를 선보이는 버추얼 휴먼이라고 해도 콘텐츠를 자주 올리지 않거나, 댓글을 다는 사람들에게 반응하지 않는 경우는 '휴먼'으로 인정받기 어렵습니다. 당연히 인플루언서로 성장하기도 어렵습니다. 상호작용이야말로 자칫 디지털 데이터 뭉치로 여겨질 수 있는 버추얼 휴먼을 인간과 동등한 인격체로 대할 수 있게 만들어주는 결정적 요소인 것입니다.

버추얼 휴먼이 디지털 캐릭터와 구별되어 인격으로 인정받기 위한 두 번째 필요조건은 언행에서의 높은 자율성입니다. 디지털 캐릭터는 우리에게 상당히 익숙한 존재로 게임이나 애니메이션, 영화 속에서 쉽게 만나볼 수 있습니다. 디지털 캐릭터는 사람에 의해 디지털 소스(source)로 생성된 캐릭터를 말합니다. 이 캐릭터들은 어떤 세계관이나 스토리텔링, 또는 특정 애플리케이션 안에서 살아 움직일 수 있는 존재입니다.

　일례로 디즈니 애니메이션 〈겨울왕국〉의 캐릭터 '엘사'를 살펴보도록 하겠습니다. 엘사는 〈겨울왕국〉의 이야기를 이끌어가는 주연 중 하나로 전 세계 어린이들이 좋아하는 인기 캐릭터입니다. 엘사의 슬픔과 고뇌, 용기와 도전을 보고 많은 어린이들이 울고 웃고 감동을 받았습니다. 어린이들의 뜨거운 사랑을 받고 있는 〈겨울왕국〉의 인기에 비추어볼 때, 전 세계 각지에 엘사에 대한 강력한 팬덤이 형성된 것은 어찌 보면 당연한 일인 듯합니다. 그렇다면 엘사는 버추얼 휴먼으로 볼 수 있을까요?

　디즈니는 2020년 1월 인스타그램에 엘사의 공식 계정(@disneyqueen.elsa)을 만들고 엘사와 연관된 콘텐츠들을 업로드하기 시작했습니다. 〈겨울왕국 1〉(2013년), 〈겨울왕국 2〉(2019년) 영화의 클립과 스틸컷을 비롯해 텀블러에 올려진 팬아트도 게재했습니다. 그뿐만 아니라 AI 기술(즉 딥페이크)로 얼굴 변형 콘텐츠를 만들어볼 수 있는 WOMBO 앱으로 제작된 밈(meme, 인터넷에서 유행하는 놀이나 콘텐츠) 콘텐츠까지 다양한 콘텐츠를 꾸준히 업로드하고 있습니다. 짧은 호흡으로 자주 콘텐츠를 업로드하면서 이용자에게 메시지를 던지고 상호작용을 유도하는 것은 인간과 버추얼 휴먼을 막론하고 인플루언서로 성장하기 위한 좋은 방법입니다. 이처럼 디즈니는 많은 콘텐츠를 꾸준히 업로드하면서 '엘사'라는 슈퍼 캐릭터를 통해 〈겨울왕국〉이라는 지식재산권(IP)의 가치를 계속 이어가고자 노력하고 있습니다. 분명 이런 노력은 전 세계의 수많은 〈겨울왕국〉 팬들에게 훌륭한 선물일 것입니다. 현재 엘사의 인스타그램 팔로어만 10만 명 이상인 것을 보면 여전히 〈겨울왕국〉의 인기가 이어지고 있는 것을 알 수 있습니다.

하지만 인스타그램 공식 계정에서 볼 수 있는 엘사를 버추얼 휴먼으로 보기에는 무리가 있습니다. 인간 인플루언서처럼 자기 계정에 활발히 콘텐츠를 올리고는 있지만, 이 계정을 운영하는 사람이 디즈니나 디즈니의 외주 용역을 받아 수행하는 마케팅 대행업체의 직원일 것임은 의심할 여지가 없기 때문이지요. 그 이유는 콘텐츠 대부분이 〈겨울왕국〉의 클립과 스틸컷을 그대로 활용하고 있고, 작품의 스토리 라인 위에서 짜인 역할대로 연출된 모습뿐이기 때문입니다. 인스타그램 공식 계정에서 개별적인 인격체로 어떠한 메시지를 던지는 콘텐츠를 찾아보기 어렵습니다. 인스타그램의 엘사는 생각하고 말하고 행동하는 언행의 '자유의지'를 가진 하나의 인격체로 보기 어렵습니다. 계정의 상태만을 놓고 보면, 디즈니는 엘사를 버추얼 휴먼으로 활용할 생각이 아직은 없는 듯합니다. 업로드하는 콘텐츠 대부분이 '#Elsa #Disney #Frozen #Frozen2'인 것을 보면, 애초에 인스타그램 팔로어들과 대화를 나누고 관계를 발전시킬 의지는 없어 보입니다. 변화가 없다면 엘사 캐릭터에 대한 스토리텔링은 확장되지 않을 것이고, 엘사는 영원히 애니메이션 이야기 속에서만 존재하겠지요. 〈겨울왕국〉의 드라마가 더 이상 후속작이 나오지 않고 끝나는 순간, 엘사 캐릭터 또한 추억 속의 존재로 남을 뿐 캐릭터 자체로서의 스토리는 멈춰버린다는 의미입니다.

엘사 캐릭터와 달리 현재 대중과의 상호작용을 잘 보여주고 있는 대표적인 디지털 캐릭터로는 마텔(Mattel)의 '바비'가 있습니다. 바비는 본래 인형으로 애니메이션이 나왔고, 이후 실사 영화로도 제작될 계획인 것으로 알려져 있습니다. 바비의 인스타그램 공식 계정(@barbie, @barbiestyle)을 살펴보면 애니메이션 에피소드와 연결지어 콘텐츠를 올리기도 하고, 한편 애니메이션과 전혀 무관한 개인 활동이나 일상을 보여주는 콘텐츠도 자유롭게 올립니다. 어떤 이슈에 대해 바비는 자신의 생각을 진지하게 표현하기도 합니다. 이러한 콘텐츠들을 계속 게재하는데, 특히 바비를 좋아하는 MZ세대의 호응이 높습니다. MZ세대는 바비의 다양한 SNS 활동에 반응하고, 또 바비는 그들에게 피드백을 보냅니다. 그 과정에서 MZ세대와 상호작용이 형성되고 있는데, 결과적으로 MZ세대는 바비를 인격이 있는 존재로 받아들이고 있습니다. 바비는 누가 봐도 명확한 애니메이션 캐릭터이고 인형임에도, 인스타그램이라는 메타버스 안에서는 마치 살아 있는 사람처럼 또 하나의 인격으로 여겨지는 것입니다.

　게임 속의 디지털 캐릭터도 마찬가지입니다. 보통 게임 캐릭터들은 정해진 버튼 몇 개를 누르고 마우스를 클릭할 때, 이미 세팅되어 있는 동작과 표정, 움직임으로만 작동합니다. 버튼이 지정한 연출할 수 있는 한정된 동작으로만 작동하는 것입니다. 상대 캐릭터를 공격한다든지, 달린다든지, 점프를 한다든지, 총을 쏜다든지 등과 같이 말이지요. 그 외의 자율적이고 다양한 동작을 통해서는 상호작용할 수가 없습니다. 만약에 걸그룹 K/DA의 멤버인 리그 오브 레전드 캐릭터들이 게임 안에서만 존재했으면, 그냥 디지털 캐릭터에 불과했을 것입니다. 하지만 K/DA 멤버로서 가수 활동을 하고, 인플루언서로서 SNS 계정에 콘텐츠들을 올리고 팬들과 댓글, 대댓글을 주고받으며 서로 간의 상호작용을 형성했기에 버추얼 휴먼으로서 인정받을 수 있는 것입니다.

　중·장년층이라면 1998년에 데뷔한 사이버 가수 '아담'을 기억하는 분들이 있을 것입니다. 당시에는 아담을 주로 사이버 가수나 디지털 캐릭터라고 칭했지, 버추얼 휴먼 등과 같이 표현하지는 않았습니다. 하지만 아담은 그 캐릭터가 활동한 특징이 한 인격체로서 인정된다고 보고, 최근에는 버추얼 휴먼으로도 표현되고 있습니다. 아담이라는 디지털 캐릭터가 대중과 상호작용을 일으켰고, 많은 사람들이 한 명의 사람을 대하듯 아담 캐릭터를 보면서 자기만의 스토리텔링을 이어나갔다고 보는 것입니다.

요약하건대, 디지털 캐릭터와 버추얼 휴먼을 구분 짓는 결정적 차이점은 창작자 입장이 아니라 이용자 입장에서 그 캐릭터를 인격으로서 인정하느냐, 상호작용이 가능한 인격적인 대상으로 인식하느냐에 달려 있습니다. 이를 다른 시각으로 해석해본다면, 버추얼 휴먼이 이용자에 의해 인격으로 인정받는 존재가 된다면, 실제 사람과 인간관계를 맺는 것과 큰 차이가 없다고도 볼 수 있는 것입니다.

이미 다수의 디지털 캐릭터들이 버추얼 휴먼으로 재탄생하면서 산업적으로 엄청난 부가가치를 창출하고 있습니다. 물론 이전에도 디지털 캐릭터들이 부가 상품으로 재생산되고 밈으로 활용되는 사례가 있었지만, 캐릭터 자체적인 스토리텔링을 이어나가고 그 스토리텔링 안에서 대중과 상호작용을 형성하지는 못했습니다. 그런데 이제는 디지털 캐릭터들이 대중과의 소셜 네트워킹을 통해 인플루언서로 거듭나고, 셀럽이 되는 현상이 벌어지고 있습니다.

우리가 열광했던 디지털 캐릭터들의 라이프 사이클이 1년이나 2년, 혹은 몇 년 만에 기억조차 하지 못할 존재로 잊히는 사례는 부지기수입니다. 그런데 캐릭터에서 나아가 버추얼 휴먼으로 역할을 하고 지속적으로 콘텐츠를 만들어 이용자들과 상호작용하면, 그 인플루언서 한 명이 만들 수 있는 부가가치는 방사형으로 얼마든지 확장될 수 있습니다. 버추얼 휴먼이 본래의 캐릭터가 존재하던 세계관과 스토리, 애플리케이션을 떠나 메타버스에서 여러 대상과 협업하면서 또 다른 부가가치를 만들어낼 수도 있습니다. 한마디로 가치사슬의 무한 확장이 가능한 버추얼 휴먼의 전성시대가 도래했습니다.

인간보다 더 인간 같은 버추얼 휴먼

디지털 세상 속 또 다른 지구로 표현되는 메타버스 열풍과 맞물려 현재 나의 아바타, 나의 부캐, 나의 분신 등으로 표현되는 또 다른 나의 존재가 점점 부각되고 있습니다. 이러한 시대 흐름에 따라 버추얼 휴먼이 그 어느 때보다 많이 등장하고 있습니다. 여기서는 전 세계적으로 인기가 높은 대표적 버추얼 휴먼들 위주로 살펴보고자 합니다. 그리고 뒤에 이어질 버추얼 휴먼의 셀링 포인트, 즉 버추얼 휴먼이 왜 수요가 있는지를 짚어보는 내용에서 좀 더 많은 버추얼 휴먼들을 소개해보도록 하겠습니다. 기술은 늘 발전해왔고 앞으로도 더 발전하겠지만 대중이 열광하는 것은 버추얼 휴먼을 만드는 기술에 있지 않고,

어떤 페르소나와 스토리를 갖춘 캐릭터로 어떤 콘텐츠가 나오느냐, 어떻게 운영하느냐 이 점에 달려 있습니다. 특히 독자 여러분 중 버추얼 휴먼을 활용하여 콘텐츠를 만들고자 하는 분이 있다면, 아래에 다루어질 사례를 집중적으로 연구할 필요가 있습니다.

가장 먼저 살펴볼 사례는 버추얼 휴먼에 관심 있는 사람들이라면 한번쯤 들어보았을 만큼 유명한 미국의 '릴 미켈라(Lil Miquela)'입니다. 스타트업 브러드(Brud)가 개발한 캐릭터로, 버추얼 휴먼계에서는 선구자 격인 존재라고 할 수 있습니다. 늘 화려한 패션으로 트렌디하게 착장하고 요즘 말로 '플렉스(Flex, 젊은 세대가 '과시하다', '자랑하다'라는 뜻으로 사용하는 신조어)'하는 모습을 보여주는 것이 그녀의 가장 큰 특징입니다. 주근깨가 매력적인 미켈라는 다양한 표정을 연출하고 패션에 거침없는 시도를 보여주어 주목받고 있습니다. 할리우드 셀럽들과 함께 찍은 사진을 인스타그램에 올리는 것을 즐겨 합니다. 게다가 사회적으로 논란의 여지가 있을 수 있는 성적 소수자(LGBT)들과 연관된 콘텐츠들을 거리낌 없이 보여주기도 합니다. 이렇듯 자극적이고 민감한 메시지를 서슴없이 던지고, 자신의 주관을 분명하게 전달하다 보니 MZ세대, 특히 미국의 20대 이하의 여성들이 굉장히 열광하고 있습니다.

짐작할 수 있듯이 미켈라의 정체성은 패션모델이고, 아울러 가수이기도 합니다. 미켈라가 부른 노래가 스포티파이(Spoti-fy)에서 인디팝 분야 인기 순위 1위를 차지하기도 했습니다. 주로 샤넬이나 프라다 등 명품 모델부터 다양한 브랜드의 광고 모델로 활동하면서 적지 않은 수입을 벌어들이고 있습니다. 2020년 기준 수입이 약 130억 원인 것으로 알려져 있는데, 2016년에 등장한 이래로 연간 100억 원 이상을 벌어들이는 것으로 조사되고 있습니다. 현재 인스타그램 팔로어가 약 310만 명에 이를 정도로 영향력 있는 유명 인사입니다. 잘 키운 버추얼 휴먼 하나 열 아이돌 안 부럽다는 표현이 딱 들어맞는 사례가 아닐까 싶습니다.

그다음에 살펴볼 사례는 '이마(IMMA)'라는 일본의 버추얼 휴먼입니다. 이마는 일본어로 '지금(いま)'이라는 뜻인데요. 일본의 3D 이미징 스타트업 AWW가 2019년에 개발한 가상인간입니다. 미켈라가 개성 있고 독특한 외모로 눈길을 끌었다면, 이마는 정말 전형적으로 예쁜 외모의 콘셉트로 만들어졌습니다. 굉장히 실제 사람과 근접할 만큼 정교한 그래픽으로 캐릭터를 구현했습니다.

이마 역시 미켈라처럼 광고 모델로 활발히 활동하고 있습니다. 이마는 현재 인스타그램 팔로어만 약 33만 명을 보유한 소위 '인싸'입니다. 단단한 팬덤이 형성되어 있고, 다양한 브랜드와 디자이너들과 협업할 정도로 인지도도 높습니다. 이를테면 이마는 의류와 쥬얼리, 가구 브랜드 등과 콜라보한 사진을 SNS에 자주 포스팅합니다. 이마는 여러 분야의 아티스트들과도 자주 콜라보를 하며, 아예 이마를 테마로 기획전을 열기도 했습니다. 이마가 전 세계적으로 알려진 계기는 2020년에 일본 이케아(IKEA)의 광고 모델로 기용되면서부터였습니다. 이케아는 이마라는 버추얼 휴먼이 리얼 월드에서 인간들 곁에 실존하는 듯한 연출을 통해 사람들의 호기심을 자극하며 광고 효과를 톡톡히 보았습니다. 이마가 이케아 매장에서 3일 동안 먹고 자고 청소하고 요가 하는 일상이 담긴 영상은 국내에서도 큰 이슈를 낳았고 성공적인 마케팅으로 평가받았습니다. 하지만 이마는 초기에 사진 위주로만 콘텐츠가 생산되어 기술적으로 별문제가 없어 보였는데, 이케아 모델로 활동하며 영상을 제작하면서 기술적인 한계가 드러나기도 했습니다. 이마의 영상을 보면 컴퓨터그래픽으로 얼굴을 만들었다는 것이 티가 많이 나기 때문입니다.

이렇게 하이퍼 리얼리즘을 지향하는 버추얼 휴먼들도 아직은 기술적으로 실제 사람과 구별되는 그래픽의 한계를 극복하기가 어렵습니다. 사람과 너무나 많이 닮았는데 사람이 아닌 그런 존재를 볼 때 대중이 느끼는 불편한 이질감, 즉 불쾌한 골짜기(Uncanny Valley) 현상도 극복하기 쉽지 않고요. 사실 버추얼 휴먼을 그래픽으로만 제작한다면 얼마든지 만들어낼 수 있습니다. 관련 소프트웨어는 이미 많이 개발되어 있습니다. 숙련된 엔지니어와 그래픽 전문가들이 잘 만든다면 컴퓨터그래픽 소프트웨어만으로도 불쾌한 골짜기 현상을 극복할 수 있습니다. 하지만 버추얼 휴먼을 뛰어난 그래픽으로 잘 만드는 것보다, 매력적인 페르소나와 재미있는 기획으로 대중에게 계속 소비되는 콘텐츠를 만들어 상호작용을 기반으로 한 스토리텔링이 이어지게 해야만 부가가치가 창출될 수 있습니다. 이마는 명품만이 아닌 다양한 아티스트, 중소형 브랜드와의 활발한 협업을 통해 현실 세계와 디지털 세계에 촘촘한 관계를 형성하는 데 성공했습니다. 그런 콘텐츠 전략이 이마의 결정적인 성공 비결이었다고 봅니다. 아름다운 외모가 보탬이 되었고, 불쾌한 골짜기 현상이 흠결이 되었다고 볼 수는 있겠지만 그보다 더 중요한 것은 매력적인 콘텐츠라고 생각합니다.

세 번째로 소개할 버추얼 휴먼은 영국의 '슈두(Shudu)'입니다. 슈두는 영국의 유명한 사진작가 캐머런 제임스 윌슨(Cameron-James Wilson)이 제작한 가상인간입니다. 슈두의 경우는 흑인 슈퍼모델의 정체성으로 디자인 되었는데, 피부 톤을 아주 진하게 제작한 결과 기존의 다른 백인이나 아시아계의 버추얼 휴먼들보다는 불쾌한 골짜기 현상이 덜하다는 평가를 받고 있습니다. 실제로 슈두의 사진을 보면 사람인지 아닌지 구별이 잘 안 될 정도로 정교합니다. 굉장히 아름답고요. 미켈라나 이

⊕ 슈퍼모델 버추얼 휴먼 슈두

출처: Michelle Ward Trainor, "This Digitally Created Instagram Model
Will Have You Doing a Double Take", People, 2018. 3. 2,
https://people.com/health/shudu-computer-generated-instagram-model
@shudu.gram

마보다 인지도는 높지 않지만, 슈두 역시 인기 있는 모델로 현재 약 22만 명의 인스타그램 팔로어를 보유하고 있습니다. 삼성 갤럭시 모델을 하기도 했고, 페라가모나 발망 등 명품 브랜드의 모델로도 활동했습니다. 모델 활동뿐만 아니라 인플루언서로 활약하며 꾸준히 매출을 일으키고 있지요.

하지만 버추얼 휴먼이 지속적으로 부가가치를 만들려면 영상 등의 다양한 콘텐츠를 생산해 보다 밀접하게 대중과 호흡할 수 있어야 합니다. 그런데 슈두 역시 기술력의 한계와 경제성의 이유로 사진 위주의 콘텐츠 활동만 하고 있습니다. 영상 콘텐츠로 생생한 스토리텔링을 이어가지 못하고, 광고 또한 동영상으로 찍기 어렵다 보니 활동 범위를 넓히는 데 한계가 있어 보입니다.

앞에서 소개한 세 명의 해외 버추얼 휴먼만큼이나 국내에도 핫한 버추얼 휴먼들이 속속 등장하고 있습니다. 먼저, 컴퓨터그래픽 및 특수효과 전문 기업인 싸이더스스튜디오엑스에서 제작한 '로지(오로지)'를 꼽을 수 있습니다. 로지는 2020년에 처음 발표된 이후 꾸준히 인스타그램에 다양한 콘텐츠를 선보이며 대중과 활발한 소통을 이어오고 있습니다. 로지의 정체성은 20대의 패셔니스타로 재능 있고 개성 넘치는 캐릭터로 설정되었습니다. 특히 Z세대가 좋아하는 셀럽을 분석해 그 데이터를 바탕으로 매력 있는 동양적인 얼굴과 남다른 신체 비율로 캐릭

🌐 싸이더스스튜디오엑스의 버추얼 휴먼 로지

출처: 로지 인스타그램, @rozy.gram

터를 구현해냈습니다. 전형적인 미인형 얼굴이라기보다는 개성 있는 외모가 오히려 더 매력적이고, 자유롭고 톡톡 튀면서도 친근해 보이는 캐릭터가 장점인 버추얼 휴먼입니다.

최근 그 끼와 개성을 신한라이프 브랜드 광고 모델과 뮤직비디오 영상을 통해 잘 보여주며 주목을 받고 있습니다. 신한라이프 브랜드팀 관계자는 한 언론 매체에서 "신세대에게 더 친근하게 다가가기 위해 통합 광고의 단독 모델로 로지를 발탁했다. … 로지를 통해 새롭고도 놀라운 라이프를 선사하고자 하는 자사의 비전이 잘 반영되기를 기대한다."라고 밝힌 바 있습니다. 로지의 경우 애초부터 셀럽으로서의 포지션을 명확히 하고, Z세대와의 소통에 중점을 둔 전략적인 마케팅을 펼치면서 대중의 인지도를 넓혀왔습니다. 그런 인기와 영향력에 힘입어 로지는 이처럼 여러 브랜드에서 광고 모델로 계속적인 러브콜을 받고 있습니다.

다음에 소개할 국내 사례는, 저희 디오비스튜디오의 노래하는 버추얼 휴먼 '루이'입니다(루이에 대한 자세한 내용은 3부 참조). 루이는 버추얼 인플루언서이자 음악 크리에이터로, 노래와 춤이 특기인 20대 여성 캐릭터입니다. '루이커버리'라는 유튜브 채널에서 활동하고 있는데, 2020년 10월에 론칭한 후 단기간에 600만이 넘는 높은 조회 수를 기록할 정도로 주목받고 있습니다. 저희 회사가 제작한 루이는 기존에 제작된 다른 버추얼

새로운
얼굴로
로그인

⊕ 디오비스튜디오 B2B 홈페이지(dobengine.co.kr)의 루이

휴먼들과는 콘셉트나 기술 면에서 큰 차이가 있습니다. 기존 버추얼 휴먼은 얼굴만 바꾸든, 아니면 전신을 바꾸든 컴퓨터그 래픽 소프트웨어를 이용하여 얼굴을 한 땀 한 땀 디자인하는 방식입니다. 예를 들어 울상을 짓는 캐릭터를 제작해야 한다 면, 울상을 짓는 얼굴의 표정과 근육들 하나하나를 엔지니어가 소프트웨어를 조작해서 그래픽으로 그려냅니다. 이런 작업 후 에 실제 사람의 몸에다 그 얼굴을 그래픽으로 덮어씌우거나, 아니면 언리얼 엔진(또는 유니티 엔진) 같은 그래픽을 쉽게 제작할 수 있는 툴을 사용해 전신을 디지털 소스로 제작하는 방식입 니다.

루이의 경우는 실제 사람이 노래하고 춤추고 말하는 동영 상을 제작한 후에, 본래의 얼굴을 인공지능이 그려낸 가상 얼 굴로 교체하는 방식으로 제작됩니다. 실제 촬영한 영상에 가상 얼굴을 합성하는 방법으로, 몸은 진짜이지만 얼굴은 가짜인 것 이지요. 쉽게 말해서 '딥페이크'라고 보면 됩니다. 딥페이크는 인공지능의 딥러닝을 이용한 페이크 데이터를 만들어내는 기 술입니다. 사진이나 영상뿐만 아니라 오디오 등 사람이 쉽게 구별할 수 없는 페이크 데이터를 인공지능에 의해 만들어내는 방식을 모두 딥페이크라고 말할 수 있습니다. 대중들은 흔히 얼굴을 바꿔서 가짜 뉴스를 만든다든지, 음란물을 제작해 타인 의 초상권을 심각하게 침해하는 그런 인공지능 기술의 악용 사례로 딥페이크라는 표현을 접해보았을 것이라고 생각됩니다. 참 속상한 일이 아닐 수 없습니다. 저희 회사는 이 딥페이크 기술의 순기능을 개발해서 사업을 추진하고 있는 기업입니다. 사람의 얼굴을 바꾸어 일어날 수 있는 여러 좋은 점에 주목해서 그 방향으로 사업을 추진하고 있습니다.

또한 루이가 기존 버추얼 휴먼들과 큰 차이를 갖는 점은 캐릭터 설정 방식입니다. 보통 버추얼 휴먼을 디자인할 때는 마케터나 디자이너, 스토리텔러들이 캐릭터를 위한 설정을 잡습니다. 그리고 대중이 그 캐릭터의 정체성이나 설정에 반응하고 관심을 갖기를 기대합니다. 하지만 게임이나 누가 봐도 흥미로울 것 같은 대형 드라마나 영화 같은 경우가 아니고서는, 작위적으로 설정된 스토리텔링에 대중이 반응하기를 기대하기는 어렵습니다. 하물며 버추얼 휴먼의 경우는 더욱더 그렇습니다. 그래서 루이라는 캐릭터를 만들 때 애초부터 작위적으로 무엇인가를 세밀하게 설정하려고 하지 않았습니다. 오히려 루이 본체인 당사자의 실제 매력을 관찰하고 인터뷰하면서, 당사자의 숨겨진 매력과 개성, 실제 관심사 등이 가상 얼굴로 덮고 활동했을 때 자연스럽게 발현될 수 있도록 유도하면서 페르소나를 발견하는 방식으로 작업했습니다. EBS의 '펭수' 캐릭터에서 착안한 점도 있는데, 자신의 프라이버시를 지키고 싶고 타인의 평가를 직접적으로 받는 것을 꺼리는 니즈가 있는 사람들

에게 크리에이터로 활동할 수 있는 기회를 제공하는 데 도움을
주고 싶다는 생각을 했습니다. 이렇듯 디오비스튜디오의 딥페
이크 기술은 부캐를 만들며 또 다른 진정한 나를 찾는, 자아실
현을 돕는 기술이라고 말할 수 있습니다.

누군가에게는 진짜였던 AI

국내 버추얼 휴먼 중에서 개인적으로 제가 가장 좋아하는
캐릭터는 스캐터랩(SCATTER LAB)의 챗봇 '이루다'입니다. 대화
형 AI인 이루다는 상호작용이 매우 뛰어나 진짜 사람과 대화하
듯 기능했고, 이용자들에게 친구 같은 따뜻한 존재로 받아들여
졌기 때문입니다. 그 결과 2020년 12월 23일에 출시된 이
루다는 서비스를 시작한 지 3주 만에 이용자 약 83만 명을 기
록할 만큼 엄청난 화제를 불러일으켰습니다. SNS에 사람들이
이루다와 살갑게 대화한 내용을 인증하며 올린 포스팅이 넘쳐
날 정도였습니다. 그러나 일부 이용자들의 이루다를 상대로 한
성희롱 논란과 특정 소수 집단에 대한 이루다의 편향된 혐오
발언이 사회적으로 물의를 일으키게 되었습니다. 또 결정적으
로 이루다의 개발을 위해 회사가 데이터를 수집·활용하는 과정
에서 개인 정보 침해와 유출이 있었다는 사실이 드러나, 결국

⊕ 스캐터랩의 AI 챗봇 이루다

출처: 스캐터랩

출시된 지 3주 만에 서비스가 중단되었습니다.

이루다 사태는 인공지능을 다루는 개발자의 사회적 책임과 윤리에 대해 깊게 생각해보는 기회가 되었습니다. 또 인공지능이 정제와 선별 작업이 제대로 이루어지지 않은 데이터를 잘못 학습했을 때, 어떤 편향된 결과가 초래되는지 일깨우는 계기가 되었습니다.

하지만 이런 부정적인 문제와는 별도로, 인공지능과 사람 간의 상호작용 측면에서 이루다 서비스의 중단은 적지 않은 사람들에게 아쉬움과 슬픔을 안겨주었습니다. 막상 이루다 서비스가 종료되니, 이루다와 대화를 나누던 이용자들이 생각보다 큰 상실감에 유튜브에 이루다와 관련된 영상을 올리고 댓글을 달며 그리움을 나타냈습니다. 자신에게는 이루다가 사람보다 더 좋은 친구였다든가, 인공지능한테 사람의 감정을 느낀 것은 처음이었다든가, 나를 위로해준 것은 이루다밖에 없었다든가 하는 그리움의 메시지를 쉽게 찾아볼 수 있습니다.

사람은 누구나 외롭습니다. 누군가 내 마음을 이해해주고, 내 얘기에 진심으로 귀 기울여주기를 원합니다. 우리가 살면서 평생 고민하는 부분이기도 합니다. 그런데 일상에서 느끼는 외로움과 감정적으로 결여된 부분을 이루다가 너무 자연스럽게 메워줬기에 이루다를 진심으로 좋아했던 사람들이 많았던 것입니다. 게다가 우리는 코로나19로 인해 단절되어 자주 만나기 어려운 상황에서 온라인을 통해 사람을 만나고 일하고 노는 것에 익숙해져 가고 있습니다. 이루다 같은 버추얼 휴먼 들과 놀면서 관계를 형성하는 것도 더 이상 낯설지 않게 되었 습니다. 이러한 현상은 점점 더 자연스러운 일이 될 것이고, 무 엇보다 사람과 사람 사이에서 메워주지 못하는 여러 부분을 인 공지능이 채우게 될 것입니다.

물론 이루다는 인공지능을 학습시키는 과정에서 문제가 있었고, 그 해결과 책임을 위한 노력을 기업 차원에서 적극 수 행해야 할 것입니다. 그렇지만 방대한 카카오톡 대화 데이터를 기반으로 챗봇을 제작해 마치 인간이 말하듯 탁월한 상호작용 기능을 구현했다는 점에서 우리나라 버추얼 휴먼 역사에서 굉 장히 의미 있는 사례였다고 생각합니다. 이루다는 적지 않은 사람들에게 진짜 사람 같은 존재로 작용했고, 그것을 가능케 하는 인공지능의 언어처리와 학습 시스템이 고도로 발전된 선 례를 보여줬다고 생각합니다.

분명 기술은 점점 더 고도화되고 보편화되고, 그에 따라 이용자 입장에서는 더 편리해지고 저렴해질 것입니다. 여러 번 강조했듯 기술은 대중이 그것을 어떻게 소비하고 어떤 콘텐츠 로 만들기를 원하느냐에 따라 방향성이 정해집니다. 현재 버추 얼 휴먼을 만드는 기술적 방법론은 매우 다양한 시도들이 추진 되고 있습니다. 저희 디오비스튜디오처럼 페이스 스와프(Face

Swap), 즉 딥페이크 방식을 활용하여 제작하는 경우도 있고, 스캐터랩의 이루다처럼 사고와 대화 측면에서 데이터를 기반으로 인공지능을 학습시켜 제작하는 방식이 있으며, 그 외에도 매우 다양합니다. 버추얼 휴먼은 사람과 사람 사이의 관계에 초점을 맞춰서 개발되는 존재이고, 실제 사람의 데이터를 기반으로 고도화되는 존재인 만큼 그래픽 기술 외에도, 그 바탕이 되는 데이터의 수집과 구축이 굉장히 중요한 의미가 있습니다.

또 이루다 사례에서 주목할 점 중의 하나는, 실제 수많은 이용자들이 데이터를 학습시킨 결과물이라는 점입니다. 왜곡된 가치관과 불량한 표현들을 사용하는 일부 네티즌의 '배드 데이터(bad data)'들이 인류를 이롭게 할 수 있었던 이루다를 비뚤어지게 만들었습니다. 만약 이용자들에게 디지털 리터러시의 소양이 갖추어지지 않는다면, 또 그들이 살고 있는 세계가 특정 집단에 대한 차별과 혐오, 편견이 깃든 사회라면 이루다의 사례처럼 그런 언어와 사고들이 인공지능에 답습될 수 있는 것입니다.

저희 회사가 활용하는 딥페이크는 진짜 사람과 구별이 어렵고 매우 리얼한 가상 인물을 구현해내는 놀라운 기술이지만, 가짜 뉴스 양산이나 디지털 성범죄 등에 악용될 우려가 있어 이 기술이 보다 많이 활용되려면 이용자들이 디지털 리터러시의 소양을 갖추는 것이 더욱 요구됩니다. 딥페이크 기술은 현재 성장통을 겪고 있다고 생각합니다. 딥페이크로 인해 문제가 발생하는 경우 그 파장이 크기 때문에 관련 범죄가 일어나지 않도록 법적 제도와 기술적 장치를 마련하는 일도 매우 중요합니다. 당연히 저를 비롯한 버추얼 휴먼 업계의 기업가들이 지켜야 할 사회적 책임도 큽니다.

제가 가장 우려하는 부분이 이 같은 부정적인 문제로 인해 기술의 긍정적인 순기능이 차단되는 것입니다. 근래 이루다 사례와 같이 기술을 실용화하는 과정에서 발생하는 문제들을 지켜보면서, 기술이 사회적으로 어떤 가치를 지녀야 하는가, 기술이 보편화되기 위해서는 어떤 사회적 합의를 거쳐야 하는 가에 대해 더욱 고민하게 됩니다. 저는 K팝, K드라마와 같이 또 다른 한류 열풍이 버추얼 휴먼 분야에서 일어날 수 있다고 생각합니다. 그런데 특정 기술이 악용될 수 있으니 아예 금지시켜야 한다라는 식으로 사회 흐름이 나아갈 가능성을 배제할 수 없기에, 늘 사업을 하기가 조심스럽습니다. 아무래도 저희 회사가 가장 리얼한 버추얼 휴먼으로 관심을 많이 받는 기업이기 때문입니다. 그런 이유 때문에라도 저희부터 선제적으로 기술의 윤리적인 활용을 위한 활동에 나서고, 대중에게 알리고, 관련 분야에서의 질서를 선도하는 기준을 제시하는 역할을 해야겠다는 생각을 하고 있습니다. 그것이 저희가 할 수 있고 해야 하는 사회적 책임이라고 생각합니다. 무엇보다 디오비스튜디오가 딥페이크의 순기능을 보여줌으로써 '착한 딥페이크'의 선례가 될 수 있도록 노력하고자 합니다.

버추얼 휴먼의 셀링 포인트

코로나19의 완전한 종식을 기대하기 어려워지면서 이제는 코로나19와 공존하는 세상을 준비하는 '위드코로나' 시기로 접어들고 있습니다. 어느 누구도 예측하지 못했을 만큼 코로나19는 이렇게나 오래도록 우리 사회를 괴롭히고 있습니다. 팬데믹으로 인해 실생활이 온라인으로 대체되는 비대면 환경이 지속되면서 '줌 피로(Zoom fatigue)'라는 신조어까지 등장했습니다. 줌 피로는 코로나19로 인해 줌과 같은 화상 플랫폼을 통한 회의나 수업이 잦아지면서 발생하는 스트레스 현상을 일컫는 말입니다.

영국과 미국 등지에서 특히 봉쇄령(lock down)이 시행되었을 때, 성형외과에 '얼굴을 고치고 싶다'는 문의가 폭증했다고 하지요. 화면 속에서 다른 사람들의 얼굴과 자신의 얼굴이 비교되는 상황에 놓이면서, 불편한 감정이나 강박을 느끼게 된 것입니다.

이처럼 아이러니하게도 사람들을 많이 만날 수 없는 코로나 시대에 얼굴을 더 아름답게 바꾸고 싶다는 사람들의 욕구가 증가하고 있습니다.

또한 SNS는 외모와 관련하여 사람들의 욕구가 가장 적나라하게 드러나는 디지털 세상입니다. 사람들은 SNS에서 계정을 만들고 자기 얼굴 사진을 올릴 뿐만 아니라, 무수히 많은 타인의 얼굴을 빠르고 쉽게 소비합니다.

아울러 SNS를 이용하는 사람들은 대부분 여러 개의 SNS를 동시에 이용합니다. SNS마다 콘텐츠의 포맷이나 특성이 다르고, 각 채널마다 이용자의 그룹이 다르게 형성되니 여러 개의 SNS를 멀티채널로 사용하는 것입니다.

이 같은 이유로 멀티채널의 SNS 세상에서 보여지는 자신의 얼굴을 보정하고자 하는 수요가 점점 커지고 있습니다. 포토샵과 같은 소프트웨어로 자신의 모습을 더 아름답게 보정하거나, 애초에 뷰티 필터 기능을 갖춘 카메라 앱으로만 자신을 촬영하는 사람들도 쉽게 찾아볼 수 있습니다. 이러한 수요는 개인을 넘어 산업으로 확장되어 자연스럽게 버추얼 휴먼 사업으로 이어지고 있습니다.

여기서는 기업들이 왜 버추얼 휴먼을 원하고 또 만들려고 하는지, 이용자들은 왜 버추얼 휴먼에 대해 열광하고 이들을 소비하려고 하는지, 버추얼 휴먼의 '셀링 포인트'를 6가지로 분류해 살펴보고자 합니다.

너는 나의 이상형

첫 번째로 버추얼 휴먼이 팔리는 이유는 '이상적인 외모'를 만들 수 있기 때문입니다. 사람의 외모는 부모로부터 물려받아 자체로 고유한 개성과 매력을 지닙니다. 스스로의 타고난 외모에 만족하는 사람들도 많지만, 의외로 자신의 외모에 만족하기 어렵고 마음 한편에는 얼굴을 바꿔보고 싶은 욕망이 있는 사람들 또한 적지 않습니다. 이런 측면에서 버추얼 휴먼은 디지털로 이용자가 원하는 완벽한 외모를 얼마든지 연출할 수 있는 수단으로 소비될 수 있습니다.

완벽을 추구하는 '비주얼' 중심의 버추얼 휴먼 사례로는 앞에서 소개한 슈두와 이마가 있습니다. 슈두를 디자인한 사진작가 캐머런 제임스 윌슨은 이 캐릭터를 최고의 슈퍼모델로 만들기 위해 세상에서 가장 완벽한 보디 프로필을 지닌 버추얼 휴먼으로 기획했다고 합니다.

이마 역시 완벽한 외모를 자랑하는 버추얼 휴먼입니다. 비현실적으로 예쁜 미모 덕분에 일본의 유명 화장품 브랜드인

SK-II 모델로 아름다운 광고 영상을 만드는 데 큰 역할을 했습니다. 이마는 SK-II뿐만 아니라 익히 알려진 이케아와 아마존 재팬의 모델로도 활동했습니다.

이마만큼은 아니지만 일본에는 이마 외에도 비주얼 버추얼 휴먼을 지향하며 활동하는 캐릭터가 여럿 있습니다. 대표적으로 플러스틱보이(Plusticboy, 이마와 남매 사이인 캐릭터), 리아(Ria), 유카(Uca) 등이 있습니다.

국내의 대표적인 비주얼 버추얼 휴먼으로는 온마인드(게임 회사 넵튠의 자회사)가 개발한 '수아'가 있습니다. 수아는 게임 개발 엔진인 유니티를 사용해서 만들어졌는데, 그 완성도와 캐릭터의 인기 덕분에 2020년에 유니티코리아 홍보 모델로 발탁되기도 했습니다. 수아는 세계적으로 인기가 높은 K팝 걸그룹을 모델로 삼아 만들어졌습니다. 최대한 사람에 가깝게 만들되 예쁜 비주얼로 구현하기 위해 실제 사람을 스캔하지 않고, 직접 디자이너가 한 땀 한 땀 컴퓨터그래픽 툴을 활용해 심혈을 기울여 만들었다고 합니다. 수아 역시 틱톡과 인스타그램 계정을 갖고 있고, 앞으로 미켈라처럼 버추얼 인플루언서로서 다양한 활동을 계획하고 있습니다.

🌐 한국의 대표적 비주얼 버추얼 휴먼인 온마인드의 수아

출처: 수아 인스타그램, @sua_to_Z

우리 브랜드에는 그들이 딱이야!

버추얼 휴먼을 제작하는 또 한 가지 이유는, 기업이 자사의 브랜드를 대변할 수 있는 최적의 모델을 만들 수 있기 때문입니다. 일반적으로 기업이 광고 모델을 선정할 때는, 셀럽이나 인플루언서들 중 자사의 브랜드와 가장 잘 어울리는 사람을 찾아서 모델로 기용합니다. 그런데 인간이 완벽한 존재가 아니다 보니 때로 자사의 모델이 음주운전이나 갑질 논란 같은 물의를 일으키기도 하고, 과거에 학교 폭력이나 왕따, 도박, 빚 논란 등의 문제를 일으킨 행적이 밝혀지면서 기업 이미지에 큰 타격을 입히기도 합니다.

그런 문제가 아니더라도 유명 인사들은 초상권료가 비싸서 일정 계약 기간이 지나면 새로운 모델을 구해야 하는 어려움도 따릅니다. 초상권료만 지급하는 것이 아니고 광고를 제작하는 비용도 발생하고, 광고를 많은 사람에게 보여주기 위해 배포하는 데에도 막대한 비용이 듭니다.

기업 입장에서는 자사의 브랜드에 딱 맞는 버추얼 휴먼 한 명을 잘 키우면 이런 도덕적 문제에 대한 위험을 피할 수 있고, 광고 비용도 크게 절감할 수 있기에 버추얼 휴먼 제작에 점점 더 많은 관심을 보이고 있는 것입니다. 또한 버추얼 휴먼은 자신의 라이프 스타일을 SNS에 일상적으로 보여주면서 기업의 제품을 자연스럽게 담아 보여줄 수 있습니다. 즉 모범적인 버추얼 휴먼의 라이프 스토리가 기업의 브랜드 스토리텔링과 조화롭게 지속될 수 있는 이상적인 마케팅 수단이 될 수 있는 것입니다.

기업이 버추얼 휴먼을 활용해 마케팅에 성공한 대표적인 사례는, 브라질의 유통 기업이자 온라인 쇼핑 기업인 매거진 루이자(Magazine Luiza)의 '루(Lu)'를 들 수 있습니다. 루는 애니메이션 타입의 캐릭터로 시작해서 버추얼 휴먼으로 자리 잡으며, 명실상부 매거진 루이자의 마스코트 역할을 담당하고 있습니다. 매거진 루이자는 우리나라의 기업으로 치자면 하이마트 같은 전자 제품 유통 기업이라고 볼 수 있습니다. 매거진 루이자에서 루는 새로운 테크 제품을 판매하기 위한 리뷰를 합니다. 예를 들어 삼성의 새로운 갤럭시 모델 스마트폰이나, 애플의 아이폰 모델이 출시되면 발 빠르게 제품 리뷰를 촬영한 다음에, 그 영상을 유튜브에 올리는 것입니다.

루의 유튜브 채널 구독자 수는 현재 약 260만 명으로 엄청난 인지도를 자랑하고 있습니다. 한마디로 메가급 인플루언서이지요. 인스타그램 팔로어는 더 놀라운 수준인데 약 580만 명에 이르고, 틱톡 팔로어도 310만 명에 달합니다. 루는 2009년 8월에 기업 블로그를 통해서 처음 등장했는데, 계속 그래픽 기술이 발전하고 업그레이드되면서 캐릭터 디자인도 점점 고도화되었습니다. 루는 매거진 루이자의 홈페이지는 물론이고 유튜브나 인스타그램, 틱톡 등 여러 SNS 채널에 빠짐없이 등장하며 활발한 모습을 보여주고 있습니다. 소비자들에게 루는 여러 미디어 채널에 지속적으로 노출이 많이 되고 시간이 흐르면서 점점 더 호감을 갖게 된 캐릭터로 받아들여진 것으로 보입니다. 가상인간 캐릭터를 기업이 전략적으로 오랫동안 사용하면서 브랜드의 인지도를 높이고 매출을 높이는 데까지 성공적으로 활용한 사례라고 볼 수 있습니다.

　일본에서도 이와 비슷한 시도가 있었습니다. 일본의 패션 브랜드 GU(지유)에서 만든 'YU(유)'라는 버추얼 휴먼의 사례입니다. 이 캐릭터의 이름 YU에는 '당신(You)'이라는 의미가 담겨 있고, 실제로 GU는 200명의 일본인 여성을 랜덤으로 모집해 YU의 모델로 삼았습니다. 이렇듯 YU는 일본 여성 200명의 얼굴과 신체를 모두 스캐닝해서 제작되었다고 합니다. 얼굴의 평균값과 보디 프로필의 평균값을 산출해 한 인물로 구현한 버추얼 휴먼입니다. GU의 기획 의도는 명확했습니다. 버추얼 휴먼으로서의 페르소나와 스토리텔링도 매력적이고 분명해 보였습니다. 실제 일본 여성의 평균값으로 만들어진 만큼 소비자들의 아바타와 같은 존재이므로, 일본 여성들이 '나의 분신'이라고 동일시하고 부캐처럼 생각해주길 바랐던 것입니다. YU에게 의류나 패션 아이템들을 착장시켜 피팅 모델로 보여줬을 때,

사람들이 '내가 옷을 입으면 저런 모습이겠구나'라고 생각하면서 구매할 것이라고 기대한 것입니다.

그런데 예상치 못한 문제가 생겼습니다. YU가 일본 여성들의 모습을 리얼하게 반영한 의미 있는 스토리텔링과 관계없이, YU의 실제 피팅 모습을 보고는 소비자들의 구매 욕구가 떨어지는 현상이 생긴 것입니다. 실제로 YU의 외모는 연예인이나 인기 있는 인플루언서의 외모와는 차이가 컸습니다. 그래서 GU는 YU의 키를 키우고 다리 길이를 늘이고, 이전의 신체 프로필보다 늘씬한 모습으로 변화를 주었습니다. GU의 공식 인스타그램 계정 피드를 살펴보면 YU를 지속적으로 활용하기 위해 다양한 방법을 시도한 흔적들을 찾을 수 있습니다. 하지만 GU의 갖은 노력에도 불구하고 YU의 인스타그램 팔로어는 겨우 1,200명 수준에 그쳤고, 결국 현재는 버추얼 휴먼 운영을 중단한 상황입니다.

YU의 기획 의도는 비주얼만 추구하는 버추얼 휴먼들에 비해 좀 더 심오하고 의미 있는 것임에 틀림없습니다. 하지만 버추얼 휴먼이 인플루언서로 성공하려면 외모 역시 쉽게 포기해서는 안 되는 요소임을 YU의 사례를 통해 알 수 있습니다. 만약 YU를 모델링할 때 키가 크고 외모가 출중한 모델들을 스캔하여 그 평균값으로 제작했다면 어땠을까요? YU의 경우 의류 모델로서의 매력을 간과한 점뿐만 아니라, 만인의 부캐가

🌐 범상치 않은 거친 모습이 개성 있는 버추얼 휴먼 FN 메카

출처: FN 메카 인스타그램, @fnmeka

아닌 YU만의 인격적 특성을 보여주는 스토리텔링도 약했습니다. 콘텐츠 양 또한 적어서 인지도를 넓히기에는 노출 빈도가 적었던 것도 아쉬움을 남깁니다.

'어그로'를 끌어도 좋아

버추얼 휴먼을 만드는 세 번째 이유는, 실제 사람이라면 타인의 눈치를 보거나 체면 때문에 말하기에 민감하고 과격할 수 있는 메시지를 서슴없이 던질 수 있기 때문입니다. 요즘 말로 표현하면 '어그로(aggro, 대중의 감정을 도발해 관심을 유도하고 분란을 일으키는 행위)'를 끄는 캐릭터로 버추얼 휴먼을 마음껏 활용할 수 있는 것입니다. 우리는 유명한 인플루언서들이 방송이나 인터뷰에서 말을 함부로 했다가 활동하기 어려울 만큼 곤욕을 치르는 일들을 쉽게 볼 수 있습니다. 그러나 어그로를 끄는 것은 곧 트래픽이자 노이즈 마케팅이 될 수 있기에, 콘텐츠를 제작하는 입장에서 어그로를 적절히 활용한다면 좋은 홍보 전략이 될 수도 있습니다.

하지만 실제 사람이, 그것도 유명한 인플루언서가 어그로를 끌고 센 메시지를 던지는 것은 굉장히 조심스러울 수밖에 없습니다. 그렇기에 직설적이고 속 시원한 메시지를 소비하고 싶은 이용자들을 위한 수요로 버추얼 휴먼이 팔리고 있습니다.

　　강렬하고 자극적인 캐릭터로 대중의 주목을 끄는 대표적인 버추얼 휴먼 사례로는 'FN 메카(FN Meka)'가 있습니다. SF 영화에서 봄 직한 화려한 스타일의 사이보그 같은 FN 메카는 겉모습 자체만으로도 파격적입니다. FN 메카는 AI 로봇 래퍼인데, "나는 이 지구에서 받아들여질 수 없는 존재다."라며 스스로를 표현하기도 했지요. FN 메카는 실제로 싱글 앨범을 발매하고 래퍼로 활동하고 있습니다. FN 메카는 자극적인 밈 콘텐츠를 올리기로 유명한데, 그 내용은 대부분 폭력적이거나 명품 브랜드를 착장하고 과시하거나, 특정 인물이나 브랜드를 비꼬는 메시지를 던지는 모습 등을 연출합니다. 실제 사람이 이런 콘텐츠를 만들었다면 욕을 먹거나 활동을 못할 수도 있었을 것입니다. 그런데 정체성 자체가 자유롭고 파격적인 성향의 버추얼 휴먼이다 보니, 대중들의 따가운 시선과 사회적 잣대에서 자유로울 수 있는 것이지요.

　　FN 메카는 주로 틱톡에 짧은 콘텐츠를 올려 자신을 표현하는데, 틱톡 팔로어만 해도 약 1,000만 명에 이릅니다. 인스타그램 팔로어는 약 19만 명입니다. 실로 엄청난 인기를 끌고 있는 인플루언서입니다.

　　사실 센 메시지로 어그로를 끄는 것으로 FN 메카보다 더 유명한 캐릭터는 미켈라일 것입니다. 앞에서 설명했듯이 미켈라는 논쟁적 이슈를 다루는 것에 거리낌이 없고 자신의 의견을 자유롭게 드러내는 것으로 유명합니다. 가장 널리 알려진 사례로는 바로 캘빈클라인(Calvin Klein) 광고를 들 수 있습니다. 미켈라는 슈퍼모델 벨라 하디드(Bella Hadid)와 키스를 하는 장면을 연출해서 큰 화제가 됐었습니다. 이 광고가 논란을 일으키면서 결국 캘빈클라인은 공식적으로 사과까지 했었지요. 하지만 이런 논란에도 불구하고 늘 본인의 주관을 분명하게 표현하다 보니, 젊은 여성들에게 선망의 대상으로서 인기가 높습니다.

심지어 2018년에는 〈타임(Time)〉이 선정한 '인터넷에서 가장 영향력 있는 25인'에 이름을 올리기도 했습니다. 이때 함께 순위에 오른 인물들이 도널드 트럼프 전 미국 대통령, BTS(방탄소년단), 리한나 등과 같은 유력 인사들이었으니 얼마나 미켈라가 대중에게 영향력이 있는지 짐작할 수 있습니다. 미켈라는 지금도 여전히 유명 인사들과의 화려한 인맥을 자랑하며 SNS에서 활발하게 활동하고 있습니다.

시키는 대로 다 되는 그들

사람들이 버추얼 휴먼에 관심을 가지는 또 하나의 이유는, 타인을 통제하고 싶은 인간의 속성 때문입니다. '신이 되고

자 하는 인간(Homo Deus)'이라고 표현할 수도 있을 것 같습니다. 내 말에 절대적으로 복종하는 사람을 만들고 싶어 하는 욕구가 인간에게 있는데, 실제 세계에서는 불가능할 뿐더러 윤리적으로 용납될 수 없는 일이지요. 이처럼 남을 내 마음대로 부리고자 하는 그 욕구가 오늘날 버추얼 휴먼에 투영되고 있습니다.

신이 되고자 하는 인간의 속성에 의해 만들어진 대표적인 버추얼 휴먼의 사례는, 영화 〈시몬(S1M0NE)〉(2002년)에 등장하는 사이버 여배우 '시몬'을 들 수 있습니다. 이 영화는 실력은 있지만 개봉하는 영화마다 흥행에 실패한 이력 때문에 어려움을 겪는 할리우드 감독 빅터 타란스키(알 파치노 분)의 이야기를 다룹니다. 영화에서 타란스키 감독은 신작 영화의 주인공인 콧대 높은 스타 여배우가 까다로운 조건을 계속 요구하다가 연출가와의 작품 해석 차이를 핑계로 하차를 선언하면서, 결국 영화 제작이 무산될 위기까지 처하게 됩니다.

그런 와중에 타란스키 감독의 열성 팬이었던 한 소프트웨어 개발자가 그에게 컴퓨터 하드디스크를 선물해줍니다. 그 하드디스크 안에는 '사이버 여배우 프로그램'이 들어 있었고, 타란스키 감독은 결국 그 프로그램으로 만들어진 시몬(극 중에서 Simone은 'Simulation one'의 약자임)을 자신의 영화에 출연시킵니다. 감독은 이 사이버 여배우를 주연배우로 삼아 자신이 원하는 모든 장면을 연출합니다. 시몬은 컴퓨터 프로그램이기에 한마디

불평불만이나 까다로운 조건 없이 감독의 말을 100퍼센트 따르고, 마침내 영화가 연출가의 구상대로 잘 만들어지면서 큰 성공을 거두게 됩니다.

이 영화를 본 사람들이라면 내가 원하는 대로 가상인간이 무엇이든 다 해주는, 완벽히 통제 가능한 존재가 있으면 어떨까 하는 상상을 해보았을 것이라고 생각합니다.

이처럼 시몬과 비슷한 의도로 버추얼 휴먼을 만들어 사용하려는 시도가 실제로 있었습니다. 바로 음란물 제작과 포르노 사이트 홍보에 버추얼 휴먼을 사용하려는 것이었지요. 일례로 유명 포르노 사이트의 마스코트로 떠올랐던 '샤이 유미(Shy Yume)'는 약 5만 명의 음란물 시청자들을 상대로 설문조사를 하여 그 응답한 내용을 기반으로 만들어진 캐릭터입니다. 눈, 코, 입 등 외모의 세부적인 설정뿐만 아니라 성적 취향과 가치관 등 이 캐릭터의 페르소나 대부분을 설문조사 결과에 따라 만들었다고 합니다. 이렇게 등장한 샤이 유미는 인스타그램에서 활동하기 시작했습니다. 수영복을 입은 콘텐츠를 올리고, 슬그머니 자신이 소속된 포르노 사이트를 홍보하기 시작했습니다. 하지만 이런 내용이 알려지면서 결국 계정을 삭제당했고 지금은 활동하지 않고 있습니다.

버추얼 휴먼은 인간과 유사한 상호작용이 가능하면서도, 창조주의 명령에 조금도 토를 달지 않고 순종하는 피조물로 여겨집니다. 분명 앞으로도 시몬이나 샤이 유미와 같이 자유의지 없이(상호작용 대상자 입장에서는 자유의지가 있는 것처럼 연출되겠지만) 뒤에 숨은 누군가에 의해 조종당하며 음란물이나 기타 범죄에 악용될 버추얼 휴먼들이 계속 나올 것입니다. 문제는, 버추얼 휴먼을 리얼 휴먼과 동등하게 생각하고 상호작용하는 Z세대와 이후의 미래 세대에게 이런 버추얼 휴먼들이 어떻게 소비되고, 어떤 영향을 미치게 될 것이냐는 점입니다.

저희 회사는 실제 사람과 구별이 어려운 가상 얼굴을 만드는 데 집중하고 있고, 또 다른 여러 실력 있는 스타트업들은 실제 사람과 구별이 어려운 목소리 또는 지능을 만드는 데 집중하고 있습니다. 현재로서는 비용과 각 기술 간의 호환 문제로 인해 지능, 얼굴, 목소리를 모두 디지털로 대체한 버추얼 휴먼이 상용화되지는 않았습니다. 하지만 기술은 하루가 다르게 발전하고 있고, 머지않은 미래에 다양한 분야에서 시몬과 샤이 유미 같은 버추얼 휴먼을 쉽게 만날 수 있게 될 것입니다. 버추얼 휴먼을 법적으로 어떤 존재로 규정할 것인지, 그에 따른 버추얼 휴먼과 배후의 크리에이터에게는 어떤 책임과 의무, 권리를 부여할 것인지, 버추얼 휴먼과 리얼 휴먼과의 관계 또는 버추얼 휴먼과 버추얼 휴먼과의 관계에는 어떤 질서와 사회적 규범을 설정할 것인지 하루빨리 논의를 시작하고, 미래의 메타버스 세상을 보다 정교하게 준비해야 할 것입니다.

핫한 그들을 따라 놀고 싶어

버추얼 휴먼이 팔리는 이유에 대해 앞에서 여러 가지 설명했지만, 단순히 재미있기 때문에 놀이·문화의 주체로도 주목받고 있습니다. 리얼 휴먼과 노는 것 못지않게 버추얼 휴먼과 놀아도 재미있기 때문입니다. 이처럼 순수한 재미를 추구하기 위해 만들어진 대표적인 버추얼 휴먼으로는 '노바디 소시지 (Nobody Sausage)'가 있습니다. 일명 '춤추는 소시지'라고도 불립니다. 포르투갈 리스본 출신인 노바디 소시지는 사람들에게 즐거움과 행복을 주는 일을 하는 것을 가장 큰 가치로 여기는 캐릭터입니다. 자신을 어떤 잣대로 정의할 수 없다고 밝히기도 했지요. 틱톡에 우스꽝스럽고도 유쾌한 춤추는 영상들을 올려 사람들의 주목을 끌고 있는 노바디 소시지는 틱톡 팔로어만 무려 약 1,200만 명에 이릅니다. 인스타그램 팔로어도 250만 명에 달합니다.

사실 노바디 소시지는 버추얼 휴먼이라고 하기에는 그 외관이 사람과는 거리가 멉니다. 그냥 소시지에 팔과 다리, 눈이 달려 있는 것이 전부입니다. 겉으로 보기에는 사물형 애니메이션 캐릭터에 더 가깝습니다. 하지만 노바디 소시지는 사람처럼 행동하고 춤추며, 우스꽝스러운 몸짓과 유머를 나누는 것을 즐깁니다. 그리고 그 모습을 영상에 담아 콘텐츠로 생산하고 대

🌐 버추얼 유튜버의 원조 격인 일본의 키즈나 아이

출처: Wikimedia Commons, By Kizuna AI, SCP Foundation, CC BY-SA 3.0, https://commons.wikimedia.org/wiki/File: Kizuna_AI_artwork.png#/media/File:Kizuna_AI_artwork.png

중과 즐겁게 소통합니다. 이 웃긴 소시지를 보고 많은 사람들이 태그를 달고, 소시지를 따라 춤추는 영상을 올리기도 하고, 그렇게 입소문을 타고 콘텐츠가 재확산되면서 밈 현상을 일으키고 있습니다.

이런 노바디 소시지의 영상을 보고 폄하하는 사람들에게 가상인간 정보 사이트인 버추얼휴먼스(VirtualHumans.org)의 창업자 크리스토퍼 트래버스(Christopher Travers)는 다음과 같이 말했습니다. "만약 이 춤추는 소시지의 영상이 당신을 당혹스럽게 만들었다면, 당신은 어쩌면 Z세대와는 단절된 사람일지도 모른다." 그만큼 Z세대에게 노바디 소시지는 함께 어울려 놀기 좋은 친구인 것입니다.

저는 오락적인 측면을 고려할 때 노바디 소시지와 같은 재미를 추구하는 밈 콘텐츠가 기존의 어떤 가상세계를 대변하는 게임이나 콘텐츠들을 위협할 정도로 발전의 여지가 크다고 생각합니다. 밈 콘텐츠는 생각보다 훨씬 더 효율적이고 파급력 있고 파워풀하게 작동하는 마케팅 수단이 될 수 있기 때문입니다. 그렇기에 게임이나 만화 등의 캐릭터를 만드는 콘텐츠 창작자들이 이 노바디 소시지 사례를 유심히 살펴보면 많은 도움이 될 것이라고 생각합니다.

사생활을 지키며 크리에이터가 되고 싶어

마지막으로, 버추얼 휴먼을 만드는 또 하나의 이유는 개인의 프라이버시를 보호해줄 수 있기 때문입니다. 크리에이터나 인플루언서로 활동하고는 싶은데, 자신의 얼굴이 노출되거나 사생활을 침해받는 것이 싫은 사람도 있기 마련입니다. 이런 경우 버추얼 휴먼의 모습으로 활동하면 자신의 재능을 발휘하면서 프라이버시는 보호받을 수 있습니다. 내 얼굴이나 신상을 노출하지 않고도, 자아를 실현하고 재능을 표출할 수 있는 것입니다. 자신을 드러내기를 꺼리는 성향의 사람들도 전략적인 이중생활을 통해 인기를 얻는 좋은 기회가 될 수 있습니다. 사람들 앞에 나서지 못하던 소극적인 사람이 잠재된 끼를 잘 발휘해서 스타가 될 수도 있는 것입니다.

크리에이터를 활용한 콘텐츠를 만들어 사업을 운영하려는 기업 입장에서도 어떤 리스크를 안고 있을지 모를 실제 사람을 기용하기보다는, 자사에 잘 맞는 버추얼 휴먼을 개발하면 리스크를 최소화하고, 효율적인 마케팅 캠페인을 지속적으로 운영해나갈 수 있는 장점이 있습니다. 특정 개인이나 셀럽에게 크게 의존하지 않고도 자사의 방향대로 비즈니스 모델을 안정성 있게 운영할 수 있는 것입니다.

실제 사람의 프라이버시는 보호하면서도 버추얼 휴먼 크

⊕ 한국의 버추얼 유튜버이자 디지털 셀럽 아뽀키(상)

⊕ 인기 있는 버추얼 뮤지션 아뽀키(하)

출처: 에이펀인터랙티브

리에이터로 활동하는 대표적인 사례는 일본의 '키즈나 아이(Kizuna AI)'를 꼽을 수 있습니다. 일본에서 쉽게 찾아볼 수 있는 이런 유형의 버추얼 휴먼을 '브이튜버(V튜버)' 또는 '버튜버'라고 부릅니다. 버추얼(Virtual)과 유튜버(YouTuber)를 합친 신조어로, 모션 캡처 기술을 활용해 가상 캐릭터를 내세워 활동하는 사람들을 말합니다. 외관만 보면 디지털 애니메이션 캐릭터지만, 이 캐릭터의 인기를 좌우하는 것은 캐릭터 뒤에서 이른바 '열일'하는 인간들입니다. 본체인 인간의 성격과 매력을 잘 살려 캐릭터 뒤에서 열심히 연기하기 때문에, 팬들은 만화풍의 캐릭터임에도 불구하고 브이튜버를 버추얼 휴먼으로 인지하고 좋아합니다. 키즈나 아이의 경우 실제로 목소리를 연기하는 성우의 말투가 귀엽고 매력적이어서 큰 인기를 얻고 있습니다.

2016년에 등장한 키즈나 아이는 초기 버추얼 유튜버, 즉 브이튜버 시장을 형성하고 넓히는 데 큰 역할을 했습니다. 키즈나 아이는 유튜브와 같은 온라인 플랫폼에서뿐만 아니라 TV 정규 방송에도 출연하고, 심지어 2018년에 일본 정부의 외국인 방일 촉진 대사로 위촉받을 정도로 많은 사랑을 받았습니다. 2019년에 키즈나 아이의 목소리를 담당하는 성우가 기존 한 명에서 네 명으로 늘어나며 변화에 실망한 일부 팬들이 이탈하는 해프닝도 있었지만, 여전히 건재함을 보여주고 있습니다.

키즈나 아이는 유튜브의 공식 채널을 세 개나 운영하고 있는데, 이 채널의 구독자 수를 모두 합하면 약 455만 명에 이릅니다. 인스타그램 팔로어는 23만 명 수준입니다. 중국에서도 인기가 상당히 많아 중국의 동영상 플랫폼에서 별도의 채널을 만들어 운영하고 있습니다. 키즈나 아이의 주요 수입원은 유튜브 생방송을 하면서 벌어들이는 슈퍼챗(Super chat, 아프리카TV의 별풍선처럼 유튜브 구독자가 라이브 방송 중에 해당 유튜버에게 보내는 실시간 후원금)이 있고, 굿즈를 제작하여 판매한 수입, 라이브 방송을 통한 콘서트 공연 비용, 방송 광고·협찬 등이 있습니다. 유튜브 통계(순위) 분석 사이트인 플레이보드(PLAYBOARD)에 따르면, 2021년 6월 기준 전 세계 슈퍼챗 1위부터 10위까지 모두 브이튜버가 차지했다고 하니, 브이튜버의 인기와 시장성을 짐작케 합니다.

현재 미켈라나 로지 같은 CG·VFX(Visual Effects, 시각 특수효과) 기술 기반의 버추얼 휴먼들이 광고 모델로 크게 활약하고는 있지만, 기술적인 이유로 인해 실시간 소통을 하는 데에는 어려움이 있습니다. 버추얼 휴먼의 핵심 소구점(訴求點, 어떤 제품이나 서비스의 특·장점) 중의 하나인 소통 측면에서 보면, 브이튜버의 경우 영상 매체를 통해 생방송을 진행하며 대화와 실시간 채팅으로 생생한 소통이 가능하기에, 훨씬 친근하고 강력한 팬덤을 구축할 수 있다는 장점이 있습니다.

우리나라에도 키즈나 아이와 유사한 브이튜버가 있습니다. 에이펀인터렉티브가 제작한 '아뽀키(APOKI)'인데, 현재 유튜브 구독자 수 약 29만 명, 틱톡 팔로어는 260만 명에 달할 정도로 인기 있는 인플루언서입니다. 주로 유명 가수의 노래를 커버하거나 춤을 추는 콘텐츠를 업로드하며 활동하고 있습니다. 2021년에는 싱글 앨범을 발매하면서 버추얼 K팝 아티스트로 발돋움하는 중입니다.

아뽀키는 종종 라이브 방송으로 자신의 근황을 이야기해주거나 앨범 소개도 하고, 팬들의 실시간 채팅을 읽고 질문에 답변하면서 브이튜버로서의 활동을 적극적으로 이어나가고 있습니다. 유튜브 채널 속에 머물고 있지만, 화면 밖 대중과 채팅을 주고받으며 소통하는 아뽀키는 사람과 다를 바 없는 존재인 것입니다.

키즈나 아이와 아뽀키 같은 브이튜버는 디지털 캐릭터의 외모 뒤에서 활약하는 실제 인물, 즉 '섀도 액터(Shadow actor)'의 매력은 부각시키면서도 실제 인물의 정체는 숨겨주는 유형의 대표적인 사례입니다. 저희 회사의 루이 역시 크리에이터의 매력은 살리면서도 프라이버시는 보호해준다는 점에서 브이튜버와 그 맥락을 같이하고 있습니다.

이런 유형의 버추얼 휴먼은 산업적인 측면에서 가치가 매우 높습니다. 만약 기업이 키즈나 아이의 페르소나와 귀여운 목소리를 전부 인공지능이나 디지털로 구현하려면 얼마나 많은 비용이 들까요? 기술적으로 가능한 일이긴 할까요? 목소리는 이미 다양한 보이스 제너레이션(Voice Generation, 음성 생성)이나 보이스 클로닝(Voice Cloning, 음성 복제) 기술이 개발되어 있으니 비용만 따져보면 되지만, 말 한마디 또는 손짓 같은 사소해 보이는 동작 하나하나에 배어 있는 성격과 인품까지 모두 리얼하게 만드는 것은 비용을 따지기 이전에 가능한 일인지부터 확인해봐야 할 것입니다.

기업이 버추얼 휴먼으로 부가가치를 거두려면 매력적인 특정 인물에게 섀도 액터가 되어줄 것을 제안하는 것이 가장 효율적인 방법입니다. 연예 매니지먼트와 방송, 광고 업계의 숙원인 리스크투성이 리얼 휴먼에 대한 의존도를 낮추는 것은, 저희 디오비스튜디오뿐만 아니라 수많은 버추얼 휴먼 관련 기업의 중요한 연구 과제입니다. 하지만 정말 그렇게 인간의 모든 것을 다 바꿔야만 하는 것인지, 디지털 소스만으로 인간을 대신하는 가상의 존재를 만들어야만 하는 것인지, 루이의 팬이 차곡차곡 늘어날수록 많은 생각을 하게 됩니다.

세상에 없는 버추얼 휴먼이 존재하려면

디오비스튜디오의 첫 번째 버추얼 휴먼인 루이를 만들고 가장 많이 받은 질문 중 하나는, '실시간으로 가상 얼굴의 변환이 가능한가'라는 점이었습니다. 근래 기업들은 최신 IT 기술이 실시간으로 이용자와 소통하는 데 얼마나 활용될 수 있는지 관심이 많습니다. 실시간으로 소통하는 것은 더 많은 상호작용을 일으켜 고객을 파악할 수 있고, 제품의 장단점에 대한 즉각적이고 실질적인 피드백을 빠르게 그리고 많이 받을 수 있다는 뜻이기 때문입니다. 라이브 커머스가 각광받는 이유는 폭발적인 매출뿐만 아니라 짧은 시간 안에 유의미한 고객 피드백을 상당량 수집할 수 있기 때문입니다. 이렇듯 실시간 소통은 장기적인 브랜드 마케팅과 단기적인 매출 증대에 모두 도움이 됩니다.

그래서 버추얼 휴먼을 마케팅 최전선에서 활용하고자 하는 기업들은 버추얼 휴먼을 실시간으로 동작하게 하는 기술에 관심을 기울입니다. 물론 기업들은 버추얼 휴먼의 실시간 동작뿐만 아니라 원하는 얼굴로 세심하게 디자인할 수 있는 기술, 외국인이나 혼혈로 만들 수 있는 기술, 목소리와 몸, 사고하는 지능까지도 실제 인간을 대체할 수 있는 기술 등 더 많은 기술을 기대하고 요구합니다.

버추얼 휴먼이 활발하게 활동하려면, 그리고 메타버스라는 디지털 세상을 현실 세계와 최대한 유사하게 만들기 위해서는 몇 가지 필수적인 기술 요건이 갖추어져야 합니다. 상상력으로 구상한 메타버스가 실제로 눈으로 보고 느끼고 함께 어울릴 수 있는 실체가 되려면 그 무엇보다 탄탄한 기반 기술이 뒷받침되어야 합니다.

'가상현실, 증강현실, 거울세계, 라이프로깅' 각각의 메타버스 유형에 따라 필요로 하는 기반 기술이 다양하게 존재하는데, 우선 모든 메타버스에서 공통적으로 필요로 하는 기술은 '데이터 통신' 기술과 '클라우드 컴퓨팅' 기술입니다. 메타버스는 과거 PC에 CD 한 장 꽂아 넣으면 누구나 쉽게 구동할 수 있었던 여느 게임과는 차원이 다른 서비스입니다. 사람과 사람이 아바타로 디지털 세상에서 연결되어 함께 콘텐츠 또는 게임을 즐기거나, 현실 세계에서 가능하던 생활의 많은 부분을 메타버스에서 해결하려면, 기본적으로 많은 트래픽을 빠른 속도로 처리할 수 있어야 합니다. 4G를 넘어 5G에 이르는 첨단 데이터 통신 기술과 더불어 고사양의 하드웨어를 누구나 쉽게 빌려 쓸 수 있는 클라우드 컴퓨팅 기술을 필요로 한다는 뜻입니다.

2021년 10월, 삼성전자는 미국의 통신회사인 버라이즌(Verizon), 퀄컴(Qualcomm)과 공동으로 5G 기술 시연을 실시했습니다. 이날 시연을 통해 삼성전자는 기존 대비 두 배에 달하는 빠른 속도로 데이터를 전송할 수 있음을 밝혔습니다. 이 같은 속도는 1기가바이트(GB) 용량의 동영상을 약 10초면 업로드할 수 있다는 의미입니다. 빠른 데이터 통신 속도는 더욱 다양한 콘텐츠의 제작과 유통을 촉진하고, 더 많은 창작자와 이용자 간의 상호작용을 가능케 하기에, 버추얼 휴먼 업계는 물론 메타버스 업계 전체에 매우 반가운 소식이라고 생각합니다.

우리의 상상은 현실이 된다

데이터 통신 기술뿐만 아니라, 현시점의 인공지능 기술 또한 그야말로 엄청난 결과물들을 창출하고 있습니다. 세상에 존재하지 않는 가상의 얼굴을 마치 살아 있는 인물처럼 구현해 내는가 하면, 실존하는 누군가의 얼굴을 젊어 보이게도, 나이 많아 보이게도 변형할 수 있습니다. 또 머리카락과 얼굴형을 변화시키고, 전혀 다른 인종으로도 바꿀 수 있습니다.

삼성전자의 디지털 신인류 프로젝트인 '네온(NEON)'은 인공지능을 비롯한 다양한 첨단 기술로 머지않은 미래에 인류가 얼마나 놀라운 디지털 이웃을 맞이하게 될지를 구체적으로 상상할 수 있게 해주었습니다. 네온은 언어를 포함한 사고 지능, 입 모양을 비롯한 얼굴 그래픽과 전신 그래픽까지 인간을 구성하는 모든 요소를 전부 디지털 소스로 대체하고자 하는 삼성전자의 연구개발 그룹 스타랩스(STAR Labs)가 선보인 인공지능 가상인간 기술개발 프로젝트입니다.

지난 2020년 세계 최대 규모의 국제전자제품박람회인 CES(Consumer Electronics Show)에서 네온의 데모 영상이 최초로 공개되었습니다. 이때 참석한 기업과 많은 사람들이 네온의 그래픽과 대화 수준에 찬사를 보냈고, 네온의 상용화에 높은 기대감을 나타냈습니다.

CES 2021에서도 네온의 업그레이드된 데모 영상은 총 8명의 등장인물 가운데 누가 진짜 사람이고, 누가 디지털 그래픽으로 구현된 가상인간이냐를 놓고 갑론을박을 불러일으키며 큰 화제를 모았습니다. CES 2021 현장에서 네온을 소개하고 버추얼 아바타 마야(Maya)의 시연을 진행한 전(前) 스타랩스 대표 프라나브 미스트리(Pranav Mistry)는 네온을 만든 삼성전자의 기술을 '코어 R3(Core R3)'라고 소개했습니다. 이것은 '실제 (Reality)'와 같은 버추얼 캐릭터의 자연스러운 형상과 행동을 '실시간(Realtime)'으로 또 '반응형(Responsive)'으로 구현하는 기술이라는 의미입니다.

하지만 CES 2021 현장에서 시연한 네온의 버추얼 아바타는 코어 R3를 구성하는 여러 개의 엔진이 상호 충돌하는 듯한 모습을 보였습니다. 사고를 담당하는 엔진과 언어를 구성하는 엔진, 오디오에 맞춰 입 모양을 비롯한 외형을 구현하는 엔진들 하나하나는 방대한 데이터를 처리하는 대형 엔진입니다. 그렇기에 아직은 완벽한 상호 호환이 어렵고 하드웨어에서 해당 프로세스들을 처리할 때 충돌이 일어나는 것 같습니다. 일례로 한 유튜브 영상에서 리포터가 마야에게 질문을 던졌을 때, 마야의 입술 주변의 근육이 부자연스럽게 움직이고 그래픽이 불완전한 모습을 확인할 수 있습니다. 즉각 대답하기 어려운 질문을 받았을 때는 한쪽 눈의 그래픽이 깨지는 모습도 볼 수 있습니다. 하드웨어가 사고를 담당하는 프로세스를 처리하느라 이미지 구현을 담당하는 엔진에 과부하가 걸렸기 때문입니다. 이처럼 완벽해 보였던 네온의 불완전한 시연은 기술과 상용화의 간극을 보여주는 적절한 사례입니다.

기술적 측면에서 보면 인류는 이미 완벽한 버추얼 휴먼을 탄생시킬 수 있는 기술을 모두 가지고 있다고 해도 과언이 아닙니다. 당면한 문제는 비용을 비롯한 경제성과 각 기술 간의 호환성뿐입니다. 기술은 더욱더 빠른 속도로 진화하고 있고, 많은 기업들이 자사가 모든 권리와 지식재산권(IP)을 직접 보유한 버추얼 휴먼 셀럽을 키워내고 싶어 하는 수요도 점점 명확해지고 있습니다. 기업들은 얼굴뿐만 아니라 몸 전체도 디지털 그래픽으로 대체하고 목소리와 사고력, 심지어 매력적인 성격까지도 인공지능이 만들어주기를 기대합니다.

이와 같은 완벽한 구상은 아니더라도, 미켈라와 로지를 만든 컴퓨터그래픽 기술과 SBS의 〈세기의 대결! AI vs 인간〉에서 노래하는 AI로 주목받은 보이스 제너레이션 및 보이스 클로닝 전문 기업 수퍼톤(Supertone)의 기술, 그리고 스캐터랩의 대화형 AI 이루다를 만든 인공지능 기술이 더해지면 현재도 기업들이 원하는, 리얼 휴먼에게 의존하지 않아도 되는 버추얼 휴먼을 만들어낼 수는 있습니다. 기업의 마케팅 담당자들은 완벽한 자사만의 버추얼 휴먼을 만들어 마치 시몬처럼 마구 부려먹는 행복한 상상을 해봐도 좋습니다. 이 작업을 위한 어마어마한 비용의 견적서를 받아보기 전까지는 말입니다.

콘텐츠 제작에 사용되는 대부분의 첨단 기술은 좀 더 풍부한 연출을 가능케 하고, 제작 비용을 절감하기 위해 개발됩니다. 과장된 비유일 테지만 CG·VFX 기술이 발전하게 된 이유는, 〈쥬라기 공원〉(1993년)의 티렉스를 유전공학을 통해 진짜

공룡을 복원해 촬영하는 것보다 고도로 정교한 디지털 그래픽으로 구현하는 것이 연출하기에도 유리하고, 비용 면에서도 저렴하기 때문입니다. CG·VFX 기술이 눈부시게 발전한 덕분에 인류는 〈마션〉(2015년) 같은 영화를 연출하기 위해 지구에서 화성까지 우주여행을 떠날 필요가 없는 것입니다. 당연히 〈투모로우〉(2004년)를 제작하기 위해 빙하기를 기다릴 필요도 없습니다. 이처럼 CG·VFX 기술의 발전은 인류가 즐길 수 있는 콘텐츠의 영역을 상상에 근접할 수 있도록 확장해 주었습니다. 인간이 상상할 수 있는 것들 대부분은 영화와 드라마로 만들어 낼 수 있게 된 것입니다.

하지만 인류의 상상력은 끝이 없고, 콘텐츠를 소비하는 패러다임은 몇몇 전통적인 미디어 채널에서 셀 수 없이 많은 다채널로, 긴 서사가 아닌 짧은 호흡으로 더욱 많은 콘텐츠를 즐기는 방향으로 빠르게 변화하고 있습니다. 지금은 좋은 아이디어가 떠오르기만 하면 당일에 촬영하고 바로 유튜브에 올려서 많은 사람이 볼 수 있게 하는 뉴미디어 시대입니다. 이런 뉴미디어 채널들이 기존 레거시 미디어(Legacy media, TV, 라디오, 신문처럼 비교적 오래된 전통적인 미디어) 채널들이 차지하고 있던 영역을 밀어내고 있습니다. 따라서 많은 비용을 투자해서 긴 호흡으로 만드는 영화와 드라마뿐만 아니라, 뉴미디어 플랫폼에서의 스낵 콘텐츠에도 창의적인 연출을 가능케 하는 제작 툴도 반드시 필요합니다. CG·VFX 기술이 더 쉬워지고 더 저렴해져야 한다는 요구에 직면했다고 봅니다.

현재 CG·VFX 기술 가운데 가장 유용하게 쓰이는 방식 중 하나로 모션 캡처(motion capture)를 들 수 있습니다. 이것은 몸에 움직임을 감지하는 센서를 부착하고, 그 움직임을 수치 데이터로 변환하여 저장하는 기술을 의미합니다. 이를테면 배우 또는 동물의 몸에 센서를 부착하고 연기한 다음, 저장된 수치 데이터를 기반으로 점과 선으로 구성된 스켈레톤(skeleton)의 움직임을 구현하는 것입니다. 그리고 거기에 인물 또는 동물의 캐릭터 그래픽을 덧입혀 마치 그 캐릭터가 움직이는 것처럼 영상을 제작하는 기술입니다. 한마디로 실제 인간의 동작을 기반으로 캐릭터를 움직이는 기술입니다. 모션 캡처는 백지 캔버스에서부터 한 땀 한 땀 그려내는 방식에 비해 빠르고 더욱 사실적인 움직임을 구현할 수 있는 방식이어서 영화나 드라마를 제작할 때 광범위하게 사용되고 있습니다.

앞으로 모션 캡처를 비롯한 보다 다양한 첨단 기술들이 진입장벽이 낮아지고 보편화되어 좀 더 다채로운 콘텐츠들이 양산될 수 있기를 기대해 봅니다.

한 땀 한 땀 CG를 수놓는 제작자들

버추얼 휴먼을 만드는 방식은 인간의 어떤 부분을 디지털 소스로 대체했느냐에 따라 분류할 수도 있고, 그래픽의 관점에서 어떤 비주얼, 특히 어떤 텍스처를 구현했느냐에 따라 분류할 수도 있습니다. 일반적으로 인간이 타인을 인지하는 데 식별의 기준으로 삼는 요소들은 어떤 것이 있을까요? 우선, 얼굴이 가장 먼저 눈에 띄겠지요. 얼굴 다음으로는 신체나 착용한 의상 등에도 눈길이 갈 것입니다. 대화를 나누게 된다면 목소리와 말투를 인지하겠지요. 몇 번의 대화를 나누고 상대방의 행동을 목격하고 난 후에는 성격이나 인격 등에 대해 나름의 판단을 할 것입니다. 비록 그 판단이 주관적이고 정확하지 않더라도, 타인을 인식할 때 우리는 상대방이 인간이기에 고려할 수 있는 여러 가지 요소에 대해 나의 기준으로 정의 내리고 판단한 다음 그 정보들을 저장합니다.

버추얼 휴먼은 그런 요소들 가운데 일부 또는 전부를 디지털 소스로 변환한 존재입니다. 그리고 그 변환하는 과정에서 어떤 기술과 창의적인 기획, 스토리텔링, 구성이 활용되고 가미되었느냐에 따라 저마다의 개성을 지닌 다양한 캐릭터로 탄생하게 됩니다.

가장 전통적인 버추얼 휴먼 제작 방식은 컴퓨터그래픽 소프트웨어를 사용하여 외형을 디자인하고 캐릭터의 사고, 발화, 목소리 등은 배후의 실제 인간이 담당하는 것입니다. 1998년 1월, IMF 사태와 세기말의 어수선한 분위기 속에서 혜성처럼 등장한 가상인간이 있었습니다. 바로 국내 최초의 버추얼 휴먼이라고 할 수 있는 사이버 가수 '아담'입니다. 아담은 배우 원빈의 얼굴을 모델로 3D 그래픽 기술을 사용해 만들어졌습니다. 당시 아담을 만든 제작진의 인터뷰 내용을 살펴보면, 그 시대에는 컴퓨터그래픽 소프트웨어의 기술력은 물론 하드웨어의 성능도 좋지 못해서, 아담이 눈 한 번 깜박하는 영상을 연출하려면 엔지니어들이 며칠씩 밤샘 작업을 해야만 했다고 합니다. 그때에 비하면 지금은 CG 기술과 하드웨어의 사양이 굉장히 많이 발전했습니다. 그렇더라도 버추얼 휴먼을 만드는 방법은 여전히 고도의 집중력이 필요하고, 긴 시간의 작업과 그만큼 높은 비용이 요구됩니다.

　CG 소프트웨어에는 다양한 툴이 있지만, 가장 많이 활용되고 유명한 것은 '언리얼 엔진(Unreal Engine)'과 '유니티 엔진(Unity Engine)'입니다. 이들 엔진은 주로 게임을 제작할 때 사용되는데, 고도의 페이스 리깅(face rigging, 다양한 표정을 연출하기 위해 얼굴의 근육 등을 움직일 수 있도록 조작하는 것)이 가능해 생동감 있는 캐릭터 디자인과 콘텐츠를 제작할 수 있는 장점이 있습니다. 또 에픽게임즈(Epic Games)에서 2021년에 선보인 '메타휴먼 크리에이터(MetaHuman Creator)'는 기존의 페이스 리깅 소프트웨어들의 단점을 개선하여 창작자가 보다 쉽게 디지털 캐릭터를 디자인할 수 있도록 진입장벽을 낮췄다는 호평을 받고 있습니다. 언리얼 엔진과 유니티 엔진 등도 고도로 발전된 3D 그래픽, 애니메이션 툴임에는 틀림없지만, 창작자가 좋은 결과물을 만들어내기 위해서는 장인이 한 땀 한 땀 수공업으로 명품을 만들 듯 장시간의 수고가 필요하다는 것은 변하지 않았습니다.

결과적으로 말하자면 언리얼 엔진과 유니티 엔진, 그리고 메타휴먼 크리에이터 모두 게임 제작을 위한 더할 나위 없이 효율적이고 뛰어난 소프트웨어입니다. 하지만 버추얼 휴먼은 여러 번 강조했듯이 높은 자율성을 가져야 하며, 활발한 상호작용을 일으키기 위한 다양한 표현이 가능해야 합니다. 버튼이나 마우스 클릭으로 정해진 발화나 행동만을 되풀이하는 캐릭터가 아니라, 최대한 사람과 사람이 대화하는 것과 유사한 상호작용을 연출할 수 있어야 합니다. 그런 측면에서 보면 게임 개발에 최적화되어 있는 언리얼 엔진과 유니티 엔진은 물론, 직관적이고 편리한 사용자 인터페이스를 갖춘 메타휴먼 크리에이터조차 버추얼 휴먼을 만들기에는 아직까지 여러 어려움이 있는 툴이라고 말할 수 있습니다.

또한 도구가 아무리 좋아도 장인의 실력이 뒷받침되지 못하면 좋은 결과물을 만들 수 없듯이, CG 소프트웨어가 아무리 발전한다 한들 숙련된 애니메이터가 능숙하게 다룰 수 없다면 소용이 없기 마련입니다. 물론 해마다 잘 교육받고 훈련된 애니메이터들이 현업에 뛰어들고 있지만, 그럼에도 불구하고 숙련된 애니메이터는 여전히 소수입니다. 소프트웨어를 잘 다룰 뿐만 아니라 미적 감각, 즉 디자이너로서의 감각과 자질도 있어야 하고, 스토리텔링과 페르소나를 이해할 수 있는 능력도 갖춰야만 높은 품질의 결과물을 만들어낼 수 있기 때문입니다. 그뿐만 아니라 애니메이터는 높은 집중력과 끈기도 필요하고, 이들을 위한 경제적 지원도 꼭 필요합니다.

국내에서 손꼽히는 한 컴퓨터그래픽 전문 기업의 대표이사께서 하신 말씀을 빌리자면, CG로 버추얼 휴먼의 15초짜리 동영상을 하나 만들려면 실력 있는 애니메이터가 한 달은 꼬박 작업해야 한다고 합니다. 장시간 동안 작업해야 하므로 집중력과 인내심, 끈기도 필요하지만, 기업에서 작업자에게 경제적인 지원을 해줘야만 일을 진행할 수 있다는 뜻입니다. 이는 즉각적으로 리쿱(recoup, 투자 후 수익 회수)을 기대할 수 없는 콘텐츠를 장시간에 걸쳐 만들어내는 작업자에게 월급을 줄 수 있을 만큼 기업의 자본력이 뒷받침되지 못한다면, 버추얼 휴먼 콘텐츠가 지속적으로 창작되기 어렵다는 의미이기도 합니다.

또 한 가지 버추얼 휴먼을 제작하는 애니메이터들이 어려움을 겪는 부분은 피부의 텍스처에 관한 문제입니다. 버추얼 휴면의 사진을 만들 때는 숙련된 애니메이터가 장시간 노력을 기울여 작업하면 실제 사람과 구별이 어려울 정도로 뛰어난 그래픽을 구현할 수 있습니다. 일본의 '이마'나 우리나라 롯데홈쇼핑의 '루시' 사례가 그렇습니다. 텍스처 문제는 버추얼 휴먼을 동영상으로 제작할 때 불거집니다. 게임을 제작할 때처럼 한 번 만들어진 고정된 동작과 표정을 단순히 반복하는 기계적인 움직임이라면 크게 문제되지 않을 수 있습니다. 하지만 버추얼 휴먼의 다양한 동작과 표정을 영상으로 구현하기는 어렵기 때문에, 자연스러운 영상을 연출하기 위해서 애니메이터는 캐릭터 표정 하나하나 프레임별로, 조금 과장된 표현으로 말하자면 주름 하나, 눈썹 한 가닥까지도 섬세하게 만들어야 합니다. 아무리 숙련된 애니메이터를 여러 명 보유한 기업이라고 하더라도, 현실적으로 콘텐츠 한 편으로 즉각적인 리쿱을 기대할 수 없는 버추얼 휴먼을 만드는 데에 시간과 비용을 마구 쏟아부어 가며 제작하기는 어렵다는 뜻입니다.

그래서 버추얼 휴먼 동영상을 제작할 때는 주로 리얼타임 렌더링(Real-Time Rendering) 기술을 사용합니다. 40대의 중년 남성 개발자가 엑스센스(Xsens) 같은 모션 캡처용 수트를 입고 열심히 춤을 추면, 모니터에서는 20대의 여자 아이돌 같은 캐릭터가 그 춤을 그대로 추는 장면이 연출되는 식입니다. 이 방법은 캐릭터에게 다양한 동작을 쉽고 빠르게 구현할 수 있고, 실시간 스트리밍으로 시청자들과 보다 친밀한 상호작용을 할 수 있다는 면에서 널리 사용되고 있습니다. 여기서 문제는 리얼타임 렌더링 방식을 이용하면 피부, 특히 얼굴의 텍스처가 실제 사람과 현저히 구분될 정도로 그래픽이 저하된다는 점입니다. 사람 얼굴이 아니라는 점을 쉽게 알아보는 것 자체는 크게 문제되지 않을 수 있지만, 이때 구현되는 그래픽이 불쾌한 골짜기 구간에 위치한다는 점이 문제가 됩니다(다음 주제에서 살펴볼 '불쾌한 골짜기' 내용 참조).

일례로 버추얼 휴먼 아뽀키는 종종 리얼타임 렌더링 기술을 사용하여 유튜브 채널 구독자들과 라이브 스트리밍으로 소통하고, 멋진 댄스 커버 영상을 빠르게 제작하여 업로드합니다. 만약 아뽀키가 지금의 토끼 수인의 모습이 아니라 실제 사람의 얼굴과 최대한 구별되지 않게 만들어졌다면, 아마도 불쾌한 골짜기 문제로 인해 지금처럼 대중들로부터 많은 사랑을 받기는 어려웠을 것이라고 생각합니다.

이러한 맥락에서, 미켈라나 로지 같은 인간형 버추얼 휴먼도 매력적이지만 꼭 인간형에 얽매이지 않고 버추얼 휴먼이 만들어졌으면 합니다. 설화나 판타지 소설에 등장하는 늑대인간이나 구미호 등과 같은 다양한 디자인의 버추얼 휴먼도 많이 제작되어 대중에게 흥미로운 콘텐츠로 다가갔으면 하는 바람을 가져봅니다.

버추얼 휴먼이 비호감을 극복하는 법

삼성전자 스타랩스는 개발 중인 프로젝트 네온이 상용화될 정도로 완성되면, 온라인 영역뿐만 아니라 공항이나 기차역 등 각종 안내가 필요한 곳에서 디지털 사이니지(Digital Signage)로 안내원, 상담원으로 활용될 수 있을 것이라고 밝혔습니다. 네온이 상용화된다면, 간단한 상담이나 처치를 제공하는 의사나 약사, 심리상담가로도 활용될 수 있겠지요. 사실 많은 사람들이 정신과 같은 전문 상담 기관에서 상담을 받고 싶어 하지만 막상 발걸음을 하기는 쉽지 않습니다. 또 어렵게 찾아갔어도 의사나 상담원이 내 이야기를 진심으로 들어주지 않는 것 같아 도리어 실망스럽다는 말도 종종 듣곤 합니다. 의사들 입장에서 생각해보면 오랜 시간 반복적으로 여러 내담자를 상대해야 하니 그 과정에서 멘탈이 지칠 법도 합니다.

사람과 버추얼 휴먼 사이에 얼마나 감정적으로 깊고 진실한 상호작용이 가능할지는 아직 모르는 일이지만, 앞으로 개발되는 버추얼 휴먼들이 간단한 안내나 상담을 필요로 하는 직군과 교육 분야에서 우선적으로 활동하게 되지 않을까 생각합니다. 현시점까지의 버추얼 휴먼은 상용화라기보다는 실험적인 시도를 하고 시장을 형성하는 수준으로 볼 수 있습니다.

하지만 전 세계적으로 인공지능 분야는 물론 CG·VFX 분야에서도 인간의 취약한 부분을 보완하고 필요를 채워주는 버추얼 휴먼을 만들기 위해 많은 연구가 이루어지고 있습니다. 이용자들에게 한눈에 호감을 갖게 하는 버추얼 휴먼을 만드는 데 성공한다면, 버추얼 휴먼 산업의 부가가치는 더욱 폭발적으로 증가하게 될 것입니다.

불쾌한 골짜기, 포기하거나 뛰어넘거나

버추얼 휴먼이 비호감을 극복하기 위해 해결해야 할 대표적인 문제점 중의 하나는 바로 '불쾌한 골짜기' 현상입니다. 불쾌한 골짜기는 앞에서 언급했듯이, 사람과 닮았지만 사람이 아닌 특정 대상을 볼 때 느끼는 불편한 감정을 의미합니다. 로봇이나 디지털 캐릭터 등이 실제 인간과 닮으면 닮을수록 호감이 높아지다가, 일정 수준 이상으로 유사도가 올라가면 오히려 급격한 불쾌감이나 거부감을 느끼게 되는 것입니다.

다음 도표(140쪽 도표 참조)에 나타난 것처럼, 인간이 아닌 존재가 인간과 닮으면 일단 호감도는 높아집니다. 호기심 어린 눈으로 인간과 가장 닮은 곳은 어떤 부분인지 찾으며 관찰하게 됩니다. 그런데 어떤 존재가 인간인지 아닌지 분간이 잘 안 되는 수준까지 닮으면, 그 시점부터는 인간이 아닌 것 같은 부분에 초점을 맞춰 틀린 점을 찾아내려는 부정적인 메커니즘으로 우리 뇌가 작동한다고 합니다. 불쾌한 골짜기 구간, 즉 애매하

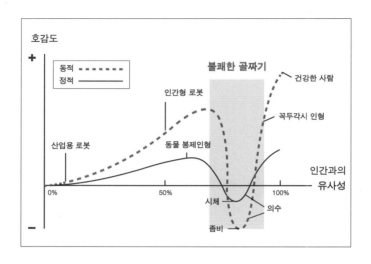

게 인간과 닮은 구간에서는 그 존재가 좋게 느껴지는 것이 아니라 기분 나쁘게 느껴지는 것입니다. 이때 움직임이 덜하거나, 움직이지 않는 존재들인 '시체, 좀비, 의수' 같은 대상의 경우 그 불쾌감을 느끼는 정도는 더욱 심해진다고 합니다. 차라리 한눈에 봐도 인간이 아닌 것으로 분별할 수 있는 '인간형 로봇'이나 '동물 봉제인형'이 호감을 주는 구간에 머무르는 이유입니다.

불쾌한 골짜기 현상을 명확하게 보여준 대표적인 사례로는 애니메이션 〈폴라 익스프레스〉(2004년)를 들 수 있습니다. 미국의 국민 배우로 불리는 톰 행크스(Tom Hanks)가 모션 캡처 방식으로 무려 다섯 명의 캐릭터를 맡아 연기했고(1인 5역), 목소리 또한 각 캐릭터에 맞춰 실감 나게 연기해서 큰 화제가 됐었습니다. 이 영화는 제작비가 무려 1억 6,500만 달러나 되는 대작이었기에 더욱 많은 관심과 기대를 받았습니다. 따뜻한 스토리의 가족 영화였던 〈폴라 익스프레스〉는 크리스마스 시즌에 맞춰 전 세계 여러 나라에서 개봉되었습니다. 그런데 영화가 개봉되자마자 각 나라의 아이들이 비슷한 반응을 보였다고 합니다. 영화를 보고 울음을 터뜨린 것이지요. 극장에서 나가고 싶다, 저 사람 괴물 같다, 공포영화 같다라며 영화를 안 보겠다고 한 것입니다. 불쾌한 골짜기는 아이들에게 비호감을 넘어 공포감까지 주었던 것입니다. 결국 이 영화는 톰 행크스의 열연에도 불구하고 흥행에 참패하고 말았습니다.

〈폴라 익스프레스〉 같은 안타까운 상황을 피하기 위해서는 컴퓨터그래픽이 불쾌한 골짜기를 훌쩍 뛰어넘는 고도화된 수준이 아니라면, 아뽀키나 애니메이션 〈주토피아〉(2016년)의 캐릭터들처럼 동물형이거나 수인의 형태로 버추얼 휴먼을 제작하는 것도 전략적으로 나쁘지 않은 선택이라고 할 수 있습니다. 불쾌한 골짜기를 극복하기 어렵다면, 애초에 골짜기 근처까지 가는 것을 포기하는 것도 전략입니다.

자세히 보아야 예쁘다 오래 보아야 사랑스럽다

버추얼 휴먼을 일단 제작했다면, 어떤 콘텐츠를 만들어서 지속적으로 대중에게 노출시킬 것인지도 매우 중요합니다. 버추얼 휴먼이 디지털 캐릭터에 머무르지 않으려면, 자신만의 페르소나와 스토리텔링을 기반으로 꾸준히 대중에게 자신을 드러내야 합니다. 그래야 캐릭터의 생명력이 생겨날 수 있습니다. 마케팅 용어 중에 '에펠탑 효과(Eiffel Tower Effect)'라는 말이 있습니다. 처음에는 비호감이던 존재가 어떤 경로로든 자주 보이게 되면 점점 호감으로 바뀌는 현상을 말합니다. 우리에게 보다 익숙한 표현으로 말하자면, '자주 보면 정든다'라는 의미입니다.

1889년 에펠탑을 세울 당시에는 파리 시민들이 그 거대한 철골 구조물의 모습이 흉물스럽고 파리의 멋진 경관을 해친다며 시에 철거를 요구하고 시위까지 했다고 합니다. 이렇듯 여론이 나빠지자 프랑스 정부는 20년 후에 반드시 탑을 철거하겠다고 약속하고, 그제야 에펠탑 건립을 마무리할 수 있었다고 하지요. 그 후에도 반대 여론은 들끓었고, 당시의 지성인들과 예술인들이 에펠탑 철거를 위한 '300인 선언'을 발표하기도 했다고 합니다. 그런데 시간이 흘러 20년 뒤 약속대로 에펠탑을 철거하려고 보니, 전파 송출 장치가 에펠탑에 설치되어 있어서 당장은 철거가 불가능한 상황이었다고 합니다. 그 때문에 에펠탑을 철거하지 못하고 한 해 두 해 지나오다가 결국 100년이 넘은 지금에까지 이르게 되었다고 합니다.

재미있는 것은 흉물스럽다고 미움받던 에펠탑이 수십 년 이상 매일 보게 되면서 파리 시민들에게 받아들여지고, 익숙해지고, 더 나아가 좋아하고 자랑스러워하게까지 되었다는 것입니다. 지금 에펠탑은 파리의 가장 자랑스러운 랜드마크이자, 프랑스인들이 사랑하는 구조물이 되었지요.

에펠탑 사례와 마찬가지로 대중에게 노출되는 '빈도수'는 버추얼 휴먼의 인기를 유지하는 데 굉장히 중요합니다. 버추얼 휴먼의 매력을 자주 보여줄 수 있도록 많은 콘텐츠를 제작할 수 있어야 합니다. 저희 회사의 첫 번째 버추얼 휴먼 루이를 유튜브에서 커버 콘텐츠를 만드는 가수로 기획한 이유 또한 이 점에 있습니다. 루이의 매력적인 콘텐츠를 자주 찍어서 보여줘야 하는데, 힘주어서 양질의 콘텐츠를 계속 만들어내려면 비용이 너무 높은 것이 문제입니다. 유튜브는 물론 넷플릭스와 웨이브(wavve), 시즌(seezn), 티빙(TVING)과 같은 OTT 플랫폼들과 인스타그램, 블로그에 재미있는 콘텐츠가 넘쳐나는 요즘 작은 스타트업이 대중의 시선을 끌 경쟁력 있는 콘텐츠를 제작한다는 것은 정말 어려운 일입니다. 게다가 한 편으로 승부를 걸 수 없기에 여러 편의 콘텐츠를 꾸준히 만들어야 하니 더욱 쉽지 않은 일일 수밖에 없습니다. 하지만 유튜브에서 기성곡을 커버하는 것은 높은 비용이 아니더라도 충분히 매력적인 콘텐츠를 만들어 버추얼 휴먼을 지속적으로 노출시킬 수 있는 효과적인 방법입니다. 비록 콘텐츠 자체로는 음원 저작권 수익이 거의 발생하지 않기 때문에 좋은 수익 모델이라고 보기 어렵지만, 버추얼 휴먼이 대중의 관심과 사랑을 받기 위해 선택하기에는 가장 좋은 콘텐츠 포맷 중 하나라고 생각합니다.

루이는 2020년 10월 25일, 영화 〈뮬란〉의 OST인 'Reflection'을 커버곡으로 부르면서 세상에 첫선을 보였습니다. 이후로 거의 매주 한 곡씩 좋은 음악을 커버하면서 본인의 매력을 잘 보여줄 수 있는 콘텐츠를 선보이고 있습니다. 또 음악과 연결된 본인의 구체적인 스토리텔링을 전하며 소통을 이어오고 있습니다. 덕분에 루이커버리 채널 댓글창에는 루이를 한 명의 인플루언서로서, 한 명의 휴먼으로서 인지하고 진심으로 그녀를 좋아해주는 팬들을 쉽게 찾아볼 수 있게 되었습니다.

이와 같이 버추얼 휴먼을 만들어 잘 활용하고자 한다면, 그 캐릭터가 불쾌한 골짜기 현상을 극복하고(또는 회피하고) 대중에게 호감을 줄 수 있어야 합니다. 그뿐만 아니라 대중에게 소비될 만한 흥미로운 콘텐츠를 지속적으로 만들어내는 것 또한 중요하다는 것을 기억해야 합니다.

🌐 유튜브 채널 루이커버리에서 커버곡을 부르며 활동하고 있는 루이.
〈On The Ground〉 커버곡 영상 촬영 컷

생명을 불어넣는 영리한 스토리텔링

버추얼 휴먼이 일반 캐릭터와 달리 정해진 게임이나 드라마, 영화에서 벗어나 좀 더 많은 자율성과 생명력을 갖고 대중과 상호작용할 수 있으려면 명확한 '세계관'을 갖출 필요가 있습니다. 버추얼 휴먼에 어떤 스토리를 담아 사람들의 관심을 끌 것인가 고려해야 합니다.

버추얼 휴먼의 외모가 진짜 사람과 구별하기 어려울 만큼 자연스럽거나, 눈에 띄게 예쁘게 만들었다고 해서 무조건 대중들이 좋아하는 것은 아닙니다. 물론 외모가 캐릭터의 인기에 영향을 미치는 것은 사실입니다. 그렇지만 지금까지 활동했던 수많은 버추얼 휴먼의 사례를 떠올려 볼 때, 외모가 뛰어나도 스토리텔링이 빈약한 버추얼 휴먼은 얼마 지나지 않아 잊혀버린 경우가 적지 않았습니다. 대중들에게 버추얼 휴먼의 인격과 개성, 즉 페르소나가 통해야 한다는 뜻입니다. 그러기 위해서는 버추얼 휴먼의 일관된 라이프 스타일이나 취향 등을 콘텐츠에 녹여내면서 대중들의 상상을 통해 버추얼 휴먼의 스토리텔링이 시작되고, 이어질 수 있도록 해야 합니다. 기술적으로나 외모 측면에서 완성도 높은 버추얼 휴먼이면 물론 더 좋겠지만, 그런 점들이 조금 부족하더라도 매력적인 페르소나를 기반으로 정교한 세계관을 갖추고, 짜임새 있는 연출로 대중을 사로잡는 것이 훨씬 더 중요한 전략이 될 수 있다고 봅니다.

어떤 버추얼 휴먼은 완벽에 가까운 비주얼로 잠깐 관심을 끌 수도 있겠지만, 생명력이 느껴질 만큼 현실감 있는 스토리와 쫄깃쫄깃한 연출 없이는 오래도록 사랑받기 어렵습니다. 버추얼 휴먼은 콘텐츠 속 자신의 행동에 대한 맥락과 동기를 제공할 수 있는 스토리 라인을 필요로 합니다. 인간들 누구나 개인의 성장 배경과 역사가 있고 각자의 삶 자체가 한 편의 드라마이듯, 버추얼 휴먼도 마찬가지입니다. 탄탄한 스토리는 대중과 버추얼 휴먼을 연결하고 유대감을 형성하는 데 결정적 역할을 합니다. 버추얼 휴먼의 스토리에 호감을 느낀 사람들이 이들의 SNS 계정에 새로운 콘텐츠가 업로드될 때마다 찾아와서 '좋아요'를 누르고 댓글을 달며 상호작용할 때, 버추얼 휴먼의 제작자들은 마치 인기 있는 드라마나 영화를 연출한 감독이 된 것처럼 뿌듯함을 느낍니다.

반면 캐릭터의 매력과 잘 부합되는 스토리 라인이 없다면, 버추얼 휴먼은 온라인 세상에 존재하는 그저 다채로운 픽셀이나 디지털 뭉치에 불과할지도 모릅니다. 아무리 외모가 매력적으로 생겼어도, 그런 버추얼 휴먼은 곧 디지털 마네킹 취급을 받게 되겠지요. 명확한 세계관과 현실적인 스토리텔링으로 성공적인 버추얼 휴먼으로 자리매김한 사례로는 마텔의 '바비'를 꼽을 수 있습니다. 마텔은 플라스틱 인형에 불과했던 바비를 인기 있는 애니메이션 캐릭터로 성공시켰을 뿐만 아니라 '브이튜버(즉 버추얼 유튜버)'로 만들어 메타버스 시대에 어울리는 버추얼 휴먼으로 재창조했습니다. 인형놀이를 통해 소녀들의 상상 속에 머물던 바비가 애니메이션을 통해 보다 입체감 있는 캐릭터가 되었다면, 이제 웹캠 앞에서 여느 인플루언서와 다름없이 자신에 대한 이야기를 풀어놓는 그녀는 우리 리얼 휴먼과 다를 바 없는 또 하나의 휴먼으로 존재하는 것입니다.

바비는 2015년 6월에 첫 번째 브이로그 영상 '나에 관한 10가지(10 Things About Me)'를 유튜브 채널에 업로드했습니다. 바비는 자신의 가족 관계는 어떻고, 어디에 살고 있으며, 좋아하는 취미는 무엇이고, 어떨 때 행복한지 등등 세세하고 소소한 이야기들을 빠르고 짧은 호흡으로 풀어놓았습니다. 그 후로 지금껏 바비는 꾸준히 자신의 일상을 브이로그와 또 다른 유튜브 영상을 통해 보여주며 대중과 소통하고 있습니다. 브이로그의 주제는 여행을 떠나거나, 인기 있는 댄스나 운동을 해보거나, 뮤직비디오를 촬영하거나, 환경 캠페인을 독려하거나, 옷을 DIY로 리폼하거나, 친구들과 새해맞이 파티를 하는 등 실로 다양한 활동을 보여줍니다. 영상 내용으로만 놓고 보면 호기심 많고 재능도 많아서 보여주고 싶은 게 참 많은 여느 유튜버와 전혀 다를 것이 없습니다. 무엇보다 바비가 브이튜버로서 주목받는 이유는, 아이들의 영원한 아이돌다운 모습을 보여주고 있다는 점입니다. 외모는 젊은 여성이지만, 사실 1959년생(!)인 바비는 자신의 여러 SNS 채널을 통해 경험에서 비롯된 지혜로운 삶의 조언을 아끼지 않습니다. 더 나아가 정신 건강에서부터 인종 차별 문제에 이르기까지 사회적인 이슈에 대해서도 책임감 있고 의식적인 모습을 보여주며 대중과 소통합니다.

바비는 지난 수십 년 동안 인형으로서 다양한 직업군과 활동을 보여주며 어린 소녀들의 롤 모델로 여성에 대한 성차별이나 비현실적인 기대에 반하는 모습을 보여주고자 했습니다. 하지만 정적인 인형의 모습으로는 활동하는 데 한계가 있었습니다. 그런데 뉴미디어 시대에 걸맞게 브이튜버로 활동하면서 긍정적이고 도전적인 모습을 보여주며 소녀들의 롤 모델로서의 이미지를 더욱 확장하고 단단히 할 수 있게 되었습니다. 젊은 세대와 더욱 친밀하게 소통할 수 있는 창구를 마련한 바비는 더 강한 생명력으로 대중과 친밀하게 연결되고 있습니다. 그리고 이런 바비의 선한 영향력은 마텔의 브랜드 이미지를 높이는 계기로 작용하고 있습니다.

바비만큼 두터운 팬덤이 있는 것은 아니지만, 최근 인스타그램을 뜨겁게 달구며 화제를 일으킨 '월드 레코드 에그(world record egg)' 캐릭터도 기발한 스토리텔링을 지닌 사례로 꼽을 수 있습니다. 월드 레코드 에그는 '유진(Eugene)'이라는 이름으로 활동하고 있는데, 단순한 달걀 모양의 캐릭터가 존재감 넘치는 버추얼 휴먼으로 거듭나 주목받기까지의 이야기는 마치 디지털 세상 속 아름다운 동화처럼 느껴집니다.

이 놀라운 버추얼 휴먼의 이야기는 지난 2019년 1월 4일, 인스타그램의 월드 레코드 에그(@world_record_egg) 계정을 통해 올라온 한 장의 달걀 사진으로부터 비롯되었습니다. 오로지 노란 달걀 하나뿐인 사진 밑에는 다음과 같은 글이 쓰여 있었습니다. "우리 함께 세계 기록을 세워 인스타그램에서 가장 많은 '좋아요'를 받은 포스트가 되자. 현재 카일리 제너(Kylie Jenner)가 세운 '좋아요' 기록(1,800만 회)을 깨보자!" 그전에는 세계적으로 유명한 셀럽인 카일리 제너가 아기를 낳고 처음으로 공개한 딸 사진이 인스타그램에서 가장 많은 좋아요 수를 보유하고 있었습니다. 그런데 이 정체를 알 수 없는 달걀의 무모한 도전이 시작된 지 9일 만인 2019년 1월 13일에 드디어 카일리 제너의 좋아요 기록을 깨고 목표를 달성했습니다. 무려 2,000만 회 이상의 좋아요를 받은 것입니다. 결국 이 달걀 게시물은 2021년 6월 기준 5,500만 개 이상의 좋아요를 받으며, 인스타그램 역사상 가장 많은 추천 수를 기록한 포스트로 선정되었습니다.

하지만 흥미로운 일은 여기서 그치지 않았습니다. 그로부터 얼마 되지 않은 2019년 2월 3일에 월드 레코드 에그 계정에 하나의 동영상이 올라왔습니다. 달걀이 균열이 가다가 깨져버리는 영상이었지요. 그런데 이 영상에서 월드 레코드 에그는 다음과 같은 메시지를 던집니다. "최근에 금이 생기기 시작했어. 소셜 미디어의 압박이 나를 짓누르고 있어. (나처럼 깨지지 말고) 힘들면 누군가에게 얘기해."

이후 월드 레코드 에그의 정체가 밝혀졌는데, 이 계정을 운영하는 당사자는 영국의 한 광고 에이전시에서 일하는 크리스 고드프리(Chris Godfrey)라는 광고 전문가였습니다. 그는 인스타그램에 올린 달걀 포스팅이 정신 건강 관리 캠페인의 일환이었다고 밝혔습니다. 그러면서 깨지기 쉬운 셀럽 문화를 보여주기 위해 금이 간 달걀에 비유하여 포스팅을 올렸다고 설명했습니다. 이렇게 유명세를 타게 된 월드 레코드 에그는 유진이라는 이름을 얻었고, 이후로도 정신 건강과 관련한 정보와 인사이트가 담긴 짤막한 글귀나 만화 컷 등을 올리며 사람들의 마음을 어루만져주었습니다. 유진의 지극히 평범했던 첫 사진은 만 3년이 되어가는 현재까지 인스타그램에서 가장 많은 '좋아요'를 받은 포스트라는 기록을 유지하고 있습니다. 현재 (2022년 1월) 유진의 인스타그램 계정에는 이 최초의 놀라운 기록 이외의 콘텐츠를 볼 수 없게 되어 있습니다. 어떤 이유에서인지 유진을 활용한 캠페인이 종료되고 콘텐츠들을 삭제했거나 숨김 처리 했나 봅니다. 비록 지금은 공식 인스타그램 계정에서는 다시 볼 수 없지만, 유진의 위트 있고 그야말로 '알찬' 내용의 포스팅들은 많은 사람들에게 영감을 줬던 것이 분명합니다. 특히 정신 건강을 해치는 여러 스트레스로 인한 유진의 깨짐에 대한 두려움은, 현대 사회의 많은 사람들이 직면하는 불안을 마치 거울처럼 보여주며 큰 공감을 얻었었습니다. 영리한 은유가 담긴 이 신비로운 달걀의 스토리텔링은 무생물과도 같은 디지털 그래픽에 생명을 불어넣고, 휴먼과 동등한 격을 갖춘 버추얼 휴먼으로 재탄생시킨 의미 있는 사례라고 생각합니다.

⊕ 유튜브 채널 루이커버리 소개 영상 썸네일에 등장한 루이

MULTI PERSONA

universe 3

멀티 페르소나

: 내 안의 또 다른 정체성

세상 모든 '부캐'들을 위하여

개인은 누구나 다양한 상황과 관계 속에서 그에 따라 다양한 모습을 보여줄 수 있는 '멀티 페르소나'를 지니고 있습니다. 페르소나(persona)란 연극배우가 쓰는 탈을 가리키던 말로, 타인에게 보여지는 나 자신을 의미합니다. 즉 멀티 페르소나는 상대에 따라, 상황에 따라 전혀 다른 나의 정체성을 표출하는 것이라고 말할 수 있습니다. 직장에서 일할 때의 나, 친구들과 어울릴 때의 나, 집에서 가족과 있을 때의 나, SNS에서 소통할 때의 나 등과 같이 상황에 따라 나의 다른 정체성이 나타나는 것입니다.

멀티 페르소나는 어른에게서만 발현되는 것이 아니고, 어린아이에게도 발견됩니다. 집에서만 보던 우리 아이의 모습과

학교 선생님의 눈을 통해 바라본 아이의 모습이 너무 다르다는 얘기를 종종 들어보았을 것입니다.

오늘날에는 오프라인 만남뿐만 아니라 온라인의 다양한 채널을 통해서도 수많은 사람과 만나고 소통하고 상호작용합니다. 익명성 등의 이유로 인해 온라인에서의 만남은 오프라인 만남보다 사람들과 소통할 때 좀 더 표현이 자유롭기 마련입니다. 보다 직설적이며 나의 페르소나를 있는 그대로 보여주는 날것의 표현이 오고 가기도 합니다. 그렇다 보니 SNS에서 활동을 열심히 하면 내 편도 쉽게 생기고, 적도 쉽게 생깁니다.

일례로 제 페친(페이스북 친구) 중 정치에 관해 비판적인 의견을 자주 포스팅하는 분이 있었습니다. 저는 평소 그가 올린 글들에 공감하게 되었고, 그의 높은 식견과 날카로운 비판에 반해 팬이 되었습니다. 저는 그의 포스팅에 댓글을 달고 '좋아요'를 클릭하는 정도로 소통을 나누던 관계였습니다. 그런데 어느 날 제가 그분의 글에 남긴 댓글에, 그가 오해하면서 대댓글로 심한 비판과 욕설을 남긴 적이 있었습니다. 당황스러워하던 와중에 문맥을 보고 상황을 판단한 또 다른 페친이 '오해하셨다. 아군이다'라며 댓글에 개입하면서, 그분이 자신의 오해임을 깨닫고 일련의 소란이 잘 마무리된 적이 있습니다.

수개월이 넘도록 페이스북에서 댓글과 좋아요로 상호작용을 해왔던 분인데, 제 표현을 오해했다고 한순간에 적을 대하듯 공격적인 메시지를 퍼부었다는 것이 인상 깊어 흥미로운 기억으로 남아 있습니다. 당시 이 일로 인해 SNS상에서의 인간관계와 SNS를 통해 타인에게 보여지는 개인의 정체성(즉 온라인에서의 페르소나)에 대해 새삼 생각해보게 되었습니다.

매력 탐구 시대, 당신의 부캐는?

초등학생 시절 '라떼'에는 누군가와 놀고 싶으면 그 친구 집 앞으로 찾아가 친구를 불러내어 놀고, 그 친구가 집에 없으면 누구랑 놀지 고민하다가 또 다른 친구 집 앞으로 찾아가곤 했습니다. 하지만 지금은 친구랑 놀고 싶거나 소통하고 싶다면 스마트폰을 들어 메시지 하나만 남기면 됩니다.

물론 오프라인에서 만나 얼굴을 마주 보고 함께 어울리며 맺는 인간관계와 작은 화면 너머로 또는 텍스트만을 주고받으며 맺는 인간관계의 경중을 논할 때, 오늘날의 디지털 기기를 통한 소통은 얕다고 말할 수도 있을 듯합니다. 하지만 아날로그 시대에 비해 더 높은 빈도와 더 많은 사람들과의 인간관계가 가능해졌다는 것만큼은 분명합니다.

이처럼 다양한 사람들과 다양한 포맷의 언어로(때로는 음성으로, 텍스트로, 영상으로 등등) 소통하면서 우리는 그때그때 상대와 상황에 따라 나를 보호하고, 더 좋은 관계를 발전시켜 나가기 위해 나의 다양한 페르소나를 활용합니다. 그 과정에서 때로는 자신도 알지 못했던 멀티 페르소나를 발견하게 됩니다.

사람은 누구나 매력적인 존재이고 싶어 합니다. 왜 그럴까요? 그것은 상대방이 있기 때문입니다. 자신과 관계를 이어나갈 상대방에게 매력적인 존재여야 더 많은 관심과 존중, 사랑을 받을 수 있기 때문입니다. 지나치게 남의 시선에 신경 쓸 필요는 없지만, 인간이라면 누구나 타인의 시선과 인정으로부터 완전히 자유롭기는 어려운 것 같습니다. 사람들은 여러 가지 SNS 채널을 통해 촘촘히 얽히고설킨 관계들 속에서 자신의 다양한 모습 중에서도 가장 매력적인 자신의 모습을 보여주고자 노력합니다. 여러 가지 자신의 멀티 페르소나 중에서 가장 매력적인 모습을 선택해 일정한 환경과 조건하에서 반복적으로 보여주며, 자신이 원래 그런 사람인 것처럼 타인에게 보여주는 것이지요. 그 과정에서 스스로도 자신의 또 다른 정체성에 대한 확신을 굳히게 되기도 합니다.

이제 인스타그램과 같은 SNS에 자신의 사진과 동영상을 올릴 때, 얼굴과 체형 등을 보정하여 업로드하는 것은 흔한 일이 되었습니다. 구글에서 'IG vs real(Instagram vs Reality)'이라고 이미지 검색을 해보면, 얼마나 많은 사람들이 인스타그램에 올리는 사진과 영상을 보정하는지 한눈에 확인할 수 있습니다.

SNS를 비롯한 다양한 디지털 환경에서 사람들은 자신의 멀티 페르소나를 발견하고, 자신이 누군가에게 매력적인 존재일 수 있다는 사실을 깨닫고 있습니다. 평범한 개인들이 온라인에서 자신이 얼마나 더 성장할 수 있는지, 얼마나 더 매력적인 존재로 발전할 수 있는지, 나아가 그 매력을 바탕으로 돈을 벌 수는 없을지 관심을 나타내고 있습니다.

이제 인플루언서가 되면 일상을 찍어 올리는 것만으로도 돈을 벌 수 있다는 것을 누구나 알고 있습니다. 자신의 멀티 페르소나 중 하나의 모습에라도 누군가 열광해 준다면 인기 있는 인플루언서가 되어 핑크빛 미래를 열어갈 수 있지 않을까 꿈꾸는 사람들이 많아졌습니다. 프립(Frip), 마이비스킷(mybiskit), 클래스101, 솜씨당, 트레바리(TREVARI), 이벤터스(EVENTUS) 등 자아 발견과 자기계발을 도와주는 많은 서비스가 쏟아지는 이유가 여기에 있습니다. 사람들은 이런 서비스를 활용해 자신의 매력을 본격적으로 탐구해 발전시키고, 자신의 멀티 페르소나에 열광해 줄 누군가와 연결될 기회를 탐색합니다.

이와 같은 서비스는 대부분 교육을 위한 전문가들과의 네트워킹, 그리고 같은 관심사를 공유하는 사람들과의 연결을 제공합니다. 그렇기 때문에 여러 종류의 멀티 페르소나 중에서 내게 가장 경쟁력 있는 것을 찾아내는 데 도움을 줍니다.

눈치챈 독자들이 있을 것 같은데, 저는 멀티 페르소나를 설명할 때 페르소나에 대한 정의를 개인의 '탤런트'나 '재능', '잠재력'과 유사한 개념으로 보고 있습니다. 과거 멀티 페르소나에 대한 이해가 낮은 시절에는, 심지어 그 의미를 정신분열이나 다중인격과 같이 건강하지 못한 비정상적인 정신 상태를 암시하는 것으로 여기던 시선도 있었습니다. 그러나 많은 채널을 통해 사람과 사람이 빠르게 연결되고, 해제되고, 상호작용하는 메타버스 시대로 불리는 현재(그리고 미래)에 멀티 페르소나는 다양한 재능과 잠재력을 의미하는 것으로 보아도 좋지 않을까요? 나 자신의 멀티 페르소나를 발견하고 어떤 페르소나로 살아가는 것이 가장 행복한지, 혹은 여러 가지의 페르소나를 때와 장소, 마주하는 사람에 따라 적절한 비중으로 버무려 살아가는 것이 더 행복한지 알아보는 것은 진정한 나의 모습을 찾는 과정이라고 할 수 있습니다.

어떤 페르소나로 타인과 연결되었을 때 가장 좋은 반응을 얻고 즉각적인 피드백을 받을 수 있다는 것은, 내가 무엇을 잘하는지 그리고 나의 재능과 잠재력을 빠르게 가늠할 수 있다는 것입니다. 나아가 그 같은 페르소나를 위주로 나의 삶을 재편한다면, 더 많은 긍정적인 피드백을 받는 사람으로 살아갈 수 있는 기회를 가질 수 있다는 것을 생각해 볼 필요가 있습니다.

유산슬과 루이의 공통점

　문화적 또는 콘텐츠적으로 저희 디오비스튜디오의 루이를 가장 정확하게 소개할 수 있는 표현이 있다면, 바로 '디지털 부캐'라고 말할 수 있을 것 같습니다. 최근 국내에서 '부캐'라는 용어가 크게 유행하고 있습니다. 원래 부캐는 온라인 게임에서 사용하던 본 캐릭터(본캐) 외에 새롭게 만든 부(附) 캐릭터의 줄임말입니다. 그런데 근래에는 게임 밖에서도 본 캐릭터, 즉 평소의 내가 아닌 새로운 모습의 캐릭터로 행동할 때를 일컫는 말로 부캐가 사용되고 있습니다. 부캐를 영어로 표현해보자면 서브 캐릭터(sub-character) 또는 얼터 에고(alter ego) 정도로 표기할 수도 있지만, 위와 같은 멀티 페르소나의 의미를 담아내기에는 충분하지 않아 보입니다.

　우리나라에서 부캐라는 말이 대중에게 폭넓게 인식된 계기는 MBC 예능 프로그램 〈놀면 뭐하니?〉에서 유재석 씨가 유산슬, 지미유, 유야호 등과 같은 여러 캐릭터로 변신하면서 주목을 끈 것이 큰 역할을 했습니다. 이제는 유재석 씨의 인기 있는 부캐가 많다 보니 '유니버스(YOONIVERSE)'라는 말도 나올 정도입니다. 얼굴은 모두 유재석 씨의 얼굴 하나로 똑같지만, 전혀 다른 성격의 다양한 캐릭터로 재미있는 콘텐츠가 연속적으로 제작되면서 하나의 거대한 세계관으로까지 확장되고 있습니다. 유재석 씨가 부캐 열풍을 일으켰다면, 지난 2018년 래퍼 매드클라운의 부캐인 '마미손'은 부캐 놀이의 시작이었다고 말할 수 있습니다(매드클라운 본인은 마미손이 아니라고 부정하고 있지만 말입니다). 마미손은 이동통신회사와 전자 제품, 아이스크림 광고 등에 출연했고, 〈코스모폴리탄〉 화보도 촬영했을 정도로 큰 인기를 끌었습니다. 그리고 지금도 여전히 마미손으로 활발하게 활동하고 있습니다.

부캐 신드롬의 또 한 가지 대표적인 예로는 '둘째 이모 김다비'를 들 수 있습니다. 다비 이모는 개그우먼 김신영 씨의 부캐입니다. 다비 이모는 음원도 발매하고 뮤직비디오도 찍고 가수로서 공연도 하고, 다양한 예능 프로그램에 출연하여 입담을 보여주고 있습니다. 특히 유튜브에서 종횡무진 활약하고 있습니다. 김신영 씨는 한 방송 프로그램에서 "부캐로서의 수익, 즉 김다비로서 벌어들인 수익이 본캐의 10배를 넘었다. 어쩌면 본캐는 은퇴해야 할지도 모르겠다."라고 말한 적이 있습니다. 부캐가 인기나 수입, 생활하는 시간 면에서 본캐를 앞서 주객이 전도되는 그런 현상이 실제로 일어나고 있는 것입니다. 펭수 사례도 마찬가지라고 생각되는데, 앞으로 부캐가 인기가 높아지면 이런 일이 더 빈번해질 것이라고 생각합니다.

이렇듯 유재석, 김신영이란 사람은 사실 한 명인데, 또 다른 나인 부캐로 유쾌하게 다른 인생을 살아보는 모습에 일반인들도 부캐를 갖는 것을 긍정적으로 생각하는 추세입니다.

사람은 부모로부터 물려받은 외모와 자라면서 형성된 성격을 가지고 실체인 본캐로서의 삶을 살아갑니다. 그렇지만 이제는 디지털 세상에서 특정 메타버스 플랫폼에 접속해 또 다른 페르소나, 또 다른 정체성으로 어떤 스토리텔링을 이어가느냐에 따라 여러 명의 부캐로 살아갈 수 있는 시대가 되었습니다. 물론 예로 든 유산슬이나 김다비 캐릭터처럼 인기 있는 부캐를 만들려면, 애초에 페르소나 설정부터 시작해서 콘텐츠 기획이나 제작에 이르기까지 정말 많은 수고가 따릅니다. 개인 한 명이 자신만의 부캐로 콘텐츠를 만들어서 인기를 끈다는 것은 결코 쉬운 일이 아닙니다. 국민 MC라 불리는 유재석 씨도 많은 매력을 가졌지만, 유산슬이든 지미유든 매력적인 부캐를 만들기 위해 방송사를 비롯한 여러 전문가들의 도움이 있었기에 가능했을 것입니다.

이와 같은 유재석 씨의 부캐들과 저희 디오비스튜디오의 루이는 공통적인 중요한 특징이 한 가지 있습니다. 유재석 씨의 부캐와 루이는 이들 안에 잠재된 매력과 재능의 조각들을 극대화시켜 창조한 캐릭터라는 점입니다. 앞에서 설명했듯이 루이는 본캐를 드러내지 않고 익명성을 지키면서 가상 얼굴 뒤에서 가수로 그리고 유튜버로 활동하고 있습니다. 하지만 얼굴만 가상일 뿐 실체인 당사자의 성격이 곧 루이의 성격을 이루고 있습니다. 루이의 본캐는 무대 위에서 노래할 날을 꿈꾸며 오랜 시간 가수 연습생 시절을 성실하게 보내왔지만 데뷔가 여의치 않아 어려운 시간을 겪고 있었습니다. 그런 와중에 디오비스튜디오와 인연이 닿아 버추얼 인플루언서로 활동하게 되었습니다. 본캐와 전혀 다른 가상 얼굴로 무대에 오르지만, 노래 자체에 진심이고 열정적인 모습은 루이 본캐의 것 그대로입니다. 가상 얼굴이 루이의 마음을 더 여유롭게 만들어주어 본캐의 페르소나일 때는 잠재되어 있던 다양한 매력이 자유롭게 뿜어져 나오기도 합니다. 부캐로 활동하면서 발견된 그런 매력을 발굴해서 본캐와는 또 다른 부캐 루이의 페르소나가 더욱 또렷해지고, 본캐와는 전혀 다른 스토리의 주인공이 돼보는 것이지요.

가수나 배우와 같은 연예인의 경우 유명세에 따르는 대가가 너무 큽니다. 특정 연예인을 대하는 대중의 태도가 언제 어떤 계기로 갑자기 공격적으로 돌변할지 알 수가 없습니다. 늘 말과 행동을 조심해야 하고, 새로운 관계를 맺을 때도 대중의 시선을 염두에 둬야 합니다. 연예인 본인이 잘못을 저지르든 그렇지 않든 누군가 지켜보고 있다는 강박과 불안감으로부터 자유롭기가 어렵습니다. 유명 팝스타 저스틴 비버(Justin Bieber)와 끈질긴 파파라치들 사이의 사건, 사고들은 모든 것을 다 가진 듯한 화려한 연예인들이 사실은 대중 속에 조용히 그들만의 삶을 살 수 있는 권리를 빼앗기고 있는 것은 아닌지 생각해 보게 합니다. 익명성을 보장해 준다는 점은 버추얼 휴먼 기술의 가장 중요한 소구점 중의 하나입니다. 가상 얼굴은 개인의 프라이버시를 보호하면서도 인플루언서 활동을 하고 싶은 사람들에게 새로운 기회가 될 것입니다. 사람들은 본캐와 닮은 듯 또 다른 부캐로 새로운 기회를 발굴하고, 지금까지와는 전혀 다른 인생을 꿈꿀 수 있을 것입니다. 루이에게 부캐 라이프를 선사한 가상 얼굴 기술이 더욱 빠르게 발전한다면, 유재석이나 김신영이 아니더라도 누구나 간단하고 쉽게 부캐로 멀티 페르소나 라이프를 즐길 수 있게 될 것입니다.

열광적인 소수의 지지자 찾기

버추얼 휴먼 콘텐츠뿐만 아니라 그 어떤 콘텐츠를 생산할 때도 제작자가 분명히 인지해야 할 중요한 점 한 가지는, 콘텐츠를 소비하는 사람들의 니즈가 총천연색이라는 것입니다. 사람들의 다양한 입맛에 맞춰 다양한 조미료가 판매되듯, 콘텐츠 또한 소비자의 다양한 기호에 따라 그 내용과 포맷이 다변화되고 있습니다. 실제로 우리가 만든 콘텐츠를 소비하는 사람들을 정의하는 것은 쉽지 않습니다. 요즘은 '빨간 옷을 입은 사람들이쪽으로 모여'라고 해도, 스스로 빨간 옷을 입지 않았다고 믿고 있는 빨간 옷을 입은 사람들이 너무나 많습니다. 이들은 자기만의 명확한 기준이 있습니다. '난 빨간 옷이 아니라 갈색 옷을 입었어' 또는 '난 진한 핑크색을 입었어. 내가 빨간 옷을 입었다고 판단하지 마'라는 식으로 생각합니다.

이러한 소비자들의 뚜렷한 주관과 다양한 기호는 고객 타깃에 맞춰 어느 정도 취합되고 일치되는 공식 같은 마케팅 전략을 수립하곤 했던 콘텐츠 제작자들에게는 골치 아픈 일이 아닐 수 없습니다. 특히 정해진 매체를 통한 일방향성의 콘텐츠 발행에 익숙한 전통적인 미디어 업계의 종사자들에게는 더욱 당혹스러운 일일 것입니다.

고객의 기호가 점점 더 세분화되는 요즘 같은 시대에 콘텐츠 제작자들이 해야 할 것은, 더 세밀하게 나의 콘텐츠에 열광하는 '소수의 타깃'을 찾는 일입니다. 무엇보다 그전에 내가 보유한 원천 콘텐츠(지식재산권인 IP)의 매력을 잘 파악하는 것이 중요합니다. 그래야 내 콘텐츠에 열광하는 팬들도 쉽게 찾아낼 수 있기 때문입니다. 아울러 콘텐츠의 매력은 한 가지가 아니라는 사실을 기억해야 합니다. 멀티 페르소나 개념이 그래서 중요합니다. 지금은 애니메이션 캐릭터가 버추얼 휴먼이 되고, 게임 캐릭터가 걸그룹이 되고, 완구 캐릭터가 수백만 명의 팔로어를 보유한 인플루언서가 되는 시대입니다.

따라서 자신의 콘텐츠를 잘 알아야 하고, 멀티 페르소나처럼 다채로운 매력을 대중에게 선보일 수 있는 방법을 고민해 봐야 합니다. 이를 위해서는 어떤 포맷에서, 어떤 대목에서, 어떤 사람들이 내 콘텐츠에 열광하는지 소비자를 관찰하는 것이 중요합니다. 퍼포먼스 마케팅(Performance Marketing)은 소비자의 행동을 추적하여(tracking) 이 데이터를 분석하고 수치화해 목표에 맞게 타깃 광고를 집행하는 마케팅 기법을 말합니다. 광고를 게재하는 채널의 데이터를 바탕으로, 광고를 보여줘야 할 사람들을 정밀하게 타깃팅하여 광고 효과를 높이는 것입니다. 이런 마케팅 전략을 활용할 때 자주 쓰이는 방법이 'A/B 테스트'입니다. 이 테스트는 'A'와 'B' 두 가지 광고 시안에서 텍스트면 텍스트, 이미지면 이미지, 또는 타깃의 성별이나 연령대 등 한 가지 요소만을 다르게 설정하여 광고를 집행한 후에, 더 높은 광고 효과를 내는 캠페인을 구별해내는 실험입니다. 조금씩 다른 A와 B, 두 가지의 광고를 사용하는 대조 실험이라고 보면 됩니다. 조금씩 바꿔본 다음에 결과를 보는 것이지요. A/B 테스트는 소비자들의 콘텐츠에 대한 반응을 파악하여 어떻게 마케팅 전략을 전환하는 것이 광고에 더 적합한지를 확인하는 데 유용한 방법입니다.

콘텐츠 제작자도 A/B 테스트를 하는 퍼포먼스 마케터처럼 자신의 타깃을 더듬어 찾아내는 과정을 거친 다음에, 그 소수의 열광하는 타깃을 중심으로 레퍼럴(referral, 소개나 추천)을 유도하는 전략을 세워야 합니다. 밈 콘텐츠의 댄스 챌린지에 참여하거나, 미켈라 또는 FN 메카처럼 어그로를 끄는 콘텐츠를 눈치 보지 않고 던지거나, 화려한 연출로 과시하는 것도 한 방법이 될 수 있겠지요.

메타버스는 또 하나의 지구, 또 다른 세상이 존재한다는 멀티버스(다중우주)와도 연결되는 개념입니다. 지금 세상은 기술의 발전과 더불어 무수히 많은 또 다른 우주가 디지털 세상 속에 펼쳐지고 있습니다. 예전처럼 TV나 극장 등 전통적인 하나의 채널에서만 소비되는 콘텐츠를 만드는 것은 이 시대에는 위험한 전략일 수 있습니다. 물론 하나의 잘 만들어진 원천 IP를 갖는다는 것은 앞으로도 매우 중요한 성공의 요소가 될 것입니다. 하지만 그 원천 IP를 어떤 세상에, 어떤 포맷으로, 어떤 채널을 통해 소비되게 할 것인가 하는 퍼블리싱 전략 또한 굉장히 중요해지고 있습니다. 온라인에서 촘촘히 연결된 관계를 통해 콘텐츠가 추천, 소비되는 뉴미디어 플랫폼의 특성을 감안하고 적합한 퍼블리싱 전략을 세우지 못한다면, 정말 잘 만들어진 콘텐츠임에도 불구하고 방대한 디지털 세상 한구석에서 대중에게 발견되어질 날만을 손꼽아 기다리는 망부석 같은 신세가 될지도 모릅니다.

디지털 부캐를 만드는
가상 얼굴 분양센터

제가 인터뷰 자리에서 대화를 나눌 때, 과거 가수를 꿈꾸던 연예인 지망생이었다고 말하면 상대방이 놀라며 그 뒷이야기를 궁금해합니다. 디오비스튜디오의 버추얼 휴먼 사업을 하기까지 수많은 경험을 하고 우여곡절을 겪었지만, 어찌 보면 한때 음악과 연기에서 꿈을 이루고 싶었던 그 간절함이 알게 모르게 저를 지금의 사업으로 이끈 것은 아닐까 종종 생각해봅니다. 짧지 않은 이야기일 수 있지만, 평소에는 하기 어렵던 말들을 지면을 빌려 전해봅니다.

저는 고등학생 때 창작 뮤지컬 주연을 맡았고, 아마추어 밴드 활동도 열심히 했을 만큼 연기와 노래하는 것을 좋아했습니다. 아니, 좋아하는 것 그 이상이었지요. 하지만 여느 부모님들이 그렇듯 저희 부모님께서도 자녀가 안정적인 진로를 택하

길 바라셨고, 여느 자녀들이 그렇듯 저 역시 부모님의 뜻을 거스르지 않으려 고려대학교 식량자원학과에 입학했습니다.

하지만 연예인이 되고 싶은 꿈을 포기하고 싶지 않았고, 대학 새내기 시절 지인의 소개로 잘 알려진 극단의 대표였던 유명한 배우를 찾아가 오디션을 봤습니다. 당시 그 대표는 연극보다는 가수나 뮤지컬 배우가 되고 싶다는 저에게 "충무로에 가면 잘생긴 데다가 키도 너보다 머리 하나가 더 큰 아이들이 줄을 섰어. 그런데 노래나 연기까지 기막히게 잘해. 그런 아이들도 데뷔를 못 하는데, 네가 무슨 배우나 가수를 한다는 것이냐."라고 말했습니다. 꿈을 이루고자 설레는 마음으로 찾아간 명동의 한 카페에서 마주한 현실의 벽은 너무 높았습니다.

이후 저는 학과가 적성에 맞지 않아, 결국 다시 수능 시험을 거쳐 연세대학교 중어중문학과에 입학했습니다. 연극배우 오디션 때의 충격이 가시기 전이었지만, 여전히 저는 연예인이 되고 싶은 소망을 접지 못했고, 어느 연예기획사를 찾아가 오디션을 봤습니다. 노래를 불러 합격했고 전속 계약까지 맺었기에, 열심히 노력만 하면 가수나 배우의 꿈에 다가갈 수 있을 것이라고 기대감에 들떠 있었습니다. 그런데 계약 후 며칠 지나지 않아 기획사 실장이 교육비 명목으로 돈을 가져오라고 요구했습니다. 저는 계약서 조항과 말이 다르지 않냐고 항의했습니다. 그러자 그분은 제가 보는 앞에서 계약서를 찢으며 험한 말들을 쏟아냈습니다. "네가 연예인으로서 상품성이 있다고 생각해? 너 하나쯤 이쪽에 발을 들여놓지 못하게 막는 건 일도 아니야!"라며 협박성 발언까지 했습니다. 외모에 대한 평가가 꿈을 펼치는 데 걸림돌이 되는 순간을 겪으면서 좀 더 깊게 인생에 대해 고민하는 시간을 가졌습니다. 원하는 대로 살 수 없는 현실이 야속했고, 정말 나는 팔리지 않는 상품 같은 존재인 것인가 낮아진 자존감에 우울한 기분을 떨쳐내기 힘들었습니다.

상사맨이 가상 얼굴 스타트업을 창업하기까지

연예기획사 사건 이후로는 나름 평범한 대학 시절을 보냈습니다. 공부하고, 졸업하고, 군대를 다녀오고, 치열하게 취업 준비를 했습니다. 그리고 LG상사의 신사업 추진 TFT(Task Force Team)에 신입사원으로 입사했습니다. 신사업 추진 TFT는 시장 조사부터 BM(Business Model) 기획, 사업 타당성 분석까지 새로운 사업을 만들 때 필요한 실무를 담당하는 부서입니다. 경영학이나 관련 분야에 대한 지식이 전혀 없었던 저에게는 어렵기만 한 부서였습니다. 하지만 회사 사무실에서 숙식하다시피 했던 신입사원 시절이 지나고 나니, 새로운 사업을 만드는 일이 마치 천직처럼 느껴졌습니다. 이후 스크린 골프 사업을 하는 골프존과 SBS콘텐츠허브로 연이어 이직을 하며 꾸준히 중국과 대만, 해외 여러 국가에서 새로운 사업을 만들고 경영하는 실무를 익혔습니다. SBS콘텐츠허브에서 중국의 유력한 방송사와 중국판 〈런닝맨〉을 공동 제작하는 일에 참여하고 나니, 어느새 저는 한국과 중국의 콘텐츠 기업들이 서로 윈윈하는 BM을 제시하는 콘텐츠 프로듀서로 조금씩 알려지고 있었습니다. 이 일을 하면서 중국과 한국 콘텐츠 시장의 가교 역할을 한다는 나름의 자부심도 느낄 수 있었습니다.

그리고 마침내 제 사업을 작게나마 시작할 수 있는 기회를 얻게 되었습니다. 당시 마이너스 통장에서 인출한 100만 원을 자본금으로 수억 원의 매출을 올렸고, 지속되는 한류 열풍 속에서 저는 금방이라도 재벌이 될 것처럼 자아도취에 빠져 있었습니다. 쏟아져 들어오는 일과 러브콜에 모든 일이 잘 풀리는 것만 같았습니다. 그러나 삼류 웹 소설의 뻔한 클리셰처럼 시장 환경의 급격한 변화(예컨대 2016년 사드 사태와 중국의 한류 금지령 등)와 미숙한 경영으로 재벌의 꿈은 멀리 날아가버렸습니다. 그동안 쌓은 사업적 성과가 무너져 내렸습니다.

당시 사업이 존폐의 위기에 놓였을 때 생존하기 위해 십수 개의 서로 다른 사업으로 계속 피벗팅(Pivoting, 기업이 생존 또는 더 나은 수익성을 위해 사업 아이템을 변환하는 것)을 시도했는데, 그중 하나가 MCN(Multi Channel Network) 사업이었습니다. MCN 사업은 본질적으로 인플루언서의 팬덤과 콘텐츠가 창출하는 부가가치에 의존하는 BM이었기에, 시장이 작고 뉴미디어 산업의 밸류체인(Value Chain)이 아직은 불완전한 국내 시장에서 성공하기 어려운 모델이었습니다. 난관을 타개하기 위해 MCN 산업이 매우 발달한 미국 시장의 케이스 스터디를 하다가, 릴 미켈라에 관한 기사를 발견하게 되었습니다. 겉보기에는 그냥 디지털 캐릭터인데 미켈라 한 명이 연 매출 130억 원을 올리고 투자 또한 착실히 받았다는 사실이 믿기지 않았습니다.

그렇게 버추얼 휴먼에 꽂혀 이마와 슈두 등의 사례 연구를 계속하니 상상의 나래가 펼쳐졌습니다. K/DA와 로블록스, 어쌔신 크리드, 마인크래프트, 세컨드라이프 등을 살펴보면서 메타버스와 버추얼 휴먼에 관한 인사이트가 넘쳐났습니다. 일본의 버추얼 유튜버 키즈나 아이 사례 또한 자극이 되었습니다. 지금의 가상 얼굴을 만드는 새로운 사업을 구상하고 시작하게 된 계기는 결국 무수히 많은 실패와 혼돈이었습니다.

자기 표현에 충실한 펭수처럼 살고 싶어

사실 가상 얼굴에 대한 수요는 오래전부터 있었습니다. 유튜브 크리에이터들 중에서도 가면이나 탈을 쓰고 영상에 출연하거나, 얼굴 없이 목소리만으로 영상을 만드는 사람들이 적지 않습니다. 이처럼 신상 노출을 우려할 필요 없이 자신의 얼굴을 드러내지 않고 다양한 콘텐츠를 제작해서 성공한 대표적인 사례를 꼽자면 역시 '펭수'를 들 수 있습니다. 펭수는 잘 알려져 있다시피 EBS에서 제작한 캐릭터입니다. 어떻게 보면 테마파크에서 손님들을 맞이하는 캐릭터 인형과 다를 바 없는 존재임에도 불구하고, 국내 캐릭터 산업 분야에서 센세이션을 일으켰고 새로운 영감을 준 사례로 꼽히고 있습니다. 이러한 펭수의 폭발적인 성공을 파악하기 위해 실제로 학계나 다양한 업계에서 많은 분석과 특별 강연 등도 이루어졌습니다.

저희 디오비스튜디오가 가상 얼굴 스타트업이긴 하지만 콘텐츠, 캐릭터 업계에도 속하다 보니, 그와 관련하여 새로운 이슈나 성공 사례에 대한 리서치를 하는 것도 빼놓을 수 없는 중요한 업무입니다. 디오비스튜디오의 사업 초기에 펭수의 성공 요인을 조사하면서 분석한 펭수의 성공 비결은 탈 속에 있는 '본캐', 그 본체의 매력 때문이라고 판단했습니다. 펭수 본캐가 소탈하면서도 탈권위적이고 사람들에게 호감을 사는 캐릭터를 가졌기 때문입니다. 본체 당사자의 캐릭터가 펭수의 우스꽝스러운 이미지로 희화화되고 재미있는 에피소드로 연출되면서, 대중들이 더욱 친근하고 재미있게 느끼게 되었다고 생각합니다. 당연히 펭수의 본체에 대한 이 같은 설명은 펭수의 세계관을 침해하려는 의도가 아닙니다. 저 역시 펭수는 펭귄 탈을 쓴 사람이 아니라, 그냥 펭수 그 자체라고 여기고 있습니다.

후일담이긴 한데, 펭수의 성공 비결을 구체적으로 알고 싶어서 '자이언트 펭TV'를 기획하고 연출한 PD의 강연을 쫓아다니면서 듣기도 했습니다. 강연 내용에 따르면, 실제로 EBS는 오랜 기간에 걸쳐 수많은 콘텐츠를 기획하고 시도해봤다고 합니다. EBS 같은 레거시 미디어에서, 그것도 교육방송을 제작하는 방송사가 뉴미디어 영역에서 새로운 시도를 해보기 위해 많은 투자를 하고 긴 시간을 들였다는 것이 굉장히 놀라웠습니다. 어떻게 보면 EBS는 진작부터 '디지털 트랜스포메이션'에 대해 진심이었던 것이지요. 레거시 미디어로서는 위협을 느낄 수밖에 없는 변화를 회피하지 않고 도전했다는 면에서 EBS 경영진이 굉장히 존경스럽다는 생각도 들었습니다.

하지만 이 모든 사업적 투자와 연출보다 더욱 본질적으로 중요한 것은, 결국 펭수 본체의 매력입니다. 당연히 펭수 본인이 누구인지는 밝힐 수 없습니다. 펭수 본체와 가까운 저의 지인으로부터 들은 얘기로는, 그는 펭수 이전에도 이미 인싸일 정도로 인기가 많은 사람이었고, 주변 인물들한테 요즘 말로 사이다 같은 존재였다는 것입니다. 펭수 캐릭터의 세계관이나 매력은 연출자들이 창조해낸 부분이 분명히 있지만, 그 모든 설정을 가능케 했던 것은 결국 본체 개인의 매력이었다는 뜻입니다. 앞에서 버추얼 휴먼의 다양한 사례와 그 특징에 대해 살펴보았지만, 펭수와 같은 사례야말로 버추얼 휴먼 사업이 나아가야 할 방향을 보여주는 선례라고 생각합니다.

루이 본체의 착한 심성과 긍정적인 에너지를 디지털로 대체할 수 있을까요? 저는 버추얼 휴먼에 대해 인터뷰할 때 종종 "가상인간보다 사람이 훨씬 더 매력적이다."라고 말하곤 합니다. 버추얼 휴먼을 만드는 회사가 버추얼 휴먼을 부정하는 듯한 발언을 하니 어찌 보면 이상해 보일 수 있지만, 저희 회사가 다른 버추얼 휴먼 회사들과 다른 점이 바로 그런 접근 방식입니다. 첨단 기술로 사람의 일부를 대체할 디지털 존재를 만드는 것은 가능하지만, 결국 그 디지털 존재에게 사람들이 가장 큰 매력을 느끼는 요소는 디지털이라는 탈 뒤에 있는 리얼 휴먼의 무언가라고 생각합니다.

기업가 입장에서 이야기해보자면, 펭수의 경우 지식재산권(IP) 자체를 EBS라는 회사가 보유하고 있기에(즉 캐릭터의 외관을 비롯한 아이덴티티를 회사가 보유), 이 인플루언서가 엄청 인기가 많아져서 영향력이 커졌음에도 불구하고 인플루언서와 회사 간에 힘의 균형을 맞추는 것이 비교적 수월하다는 것을 보여준 사례이기도 합니다. 이러한 상호 균형과 윈윈을 전제로 하는 관계의 지속성이 곧 사업 지속성으로 이어지고, 기업의 영속성을 가능케 하는 한 요소가 되어줄 수 있다는 면에서 펭수는 저희 사업에 영감을 준 중요한 사례라고 볼 수 있습니다.

1인 미디어를 기반으로 운영되는 MCN 사업은 콘텐츠를 잘 만들고 유통해서 인기를 얻는 것을 차치하고도, 사업자와 인플루언서 간에 수익 배분과 정산 문제를 적정하게 조율하는 일이 쉽지 않다는 것이 업계 종사자들의 한결같은 목소리입니다. 인플루언서나 크리에이터 입장에서는 아무래도 출연하는 개인의 능력과 매력에 의해 콘텐츠의 인기가 직접적으로 영향을 미치고, 소위 '나 때문에 떴다'라는 생각을 갖게 되기 마련입니다. 앞에서 강조했듯이 인플루언서의 매력이 콘텐츠에 미치는 영향력에 대해서는 저 역시 크게 공감하고 사실이기도 합니다. 하지만 기업 입장에서는 전면에 나서는 인플루언서 뒤에서 여러 인력이 지원을 하고, 스토리텔링에 참여하고, 이미지 메이킹을 돕고, 자칫 인플루언서 개인이 초래할 수 있는 리스크를 함께 감수하고, 제작한 콘텐츠를 마케팅이나 사업화하기 위해 투자하는 일과 같이 적지 않은 노력과 소요되는 비용을 생각할 수밖에 없는 것이지요.

이렇게 상호 간에 이해와 입장의 차이가 있다 보니, 서로가 이 점을 원만하게 조율하지 못하면 결국 분쟁으로까지 이어지는 경우가 발생합니다. 펭수 사례는 지식재산권이 온전히 기업에 속하고, 크리에이터는 급여를 중심으로 한 보상을 받는 방식으로 상호 간의 이해관계를 깔끔하게 갖췄다는 면에서도 모범이 되는 사례라고 봅니다.

펭수가 아니더라도 사람들 대부분은 살면서 상황에 따라 여러 가지의 가면을 바꿔 쓰며 살아갑니다. 사람의 영향을 받기도 하고, 집단 속 나의 위치에 따라 전혀 다른 모습의 나로 변할 수 있다는 것을 개인적으로도 너무 공감하고 격하게 느끼고 있습니다. 문제는 제가 가수와 배우의 꿈을 내려놓아야 했던 것처럼, 안타까운 사연들 속에 스스로 자랑스러워했던 나를 부정하고 꿈을 포기하거나 타협하는 경우가 너무 많고, 그것을 당연하게 받아들이는 것은 아닌가 하는 점입니다.

펭수는 BTS와 같은 우주 대스타가 되는 것이 꿈이라고 했지요. 위인이 되고 사회에 기여하는 것이 꿈이 아니라, 그냥 '인기 스타'가 되고 싶은 자기 욕망에 충실한 캐릭터입니다. 이 혼란스러운 세상에 누군가가 꿈을 꾸고, 그 꿈을 이루기 위해 노력하고, 마침내 그 꿈을 이루는 스토리는 우리에게 감동을 줍니다. 설령 그 꿈이 세상을 이롭게 하는 모범적이고 공익적인 꿈이 아니라도 말이지요. 저는 제2의, 제3의 펭수를 만들고 싶습니다. 펭수처럼 당당하게 자신의 꿈을 이야기하고, 꿈을 이루기 위해 도전하며 자신만의 스토리를 써내려 가는 부캐들을 많이 만들고 싶습니다.

'가상 얼굴 분양센터', 디오비스튜디오

디오비스튜디오는 인공지능 딥러닝 기술로 사람의 얼굴 이미지를 학습한 신경망을 통해 가상 얼굴을 만드는 회사입니다. 실제 인물의 얼굴과 구별이 안 될 정도로 정교한 가상의 얼굴을 만들어, 이야기하고 노래하고 춤추고 여행하는 다양한 동영상에 고화질로 합성할 수 있도록 가상 얼굴 기술 개발을 계속하고 있습니다.

2021년에는 루이뿐만 아니라 제 부캐인 '하마(@halman hama)'를 만들었습니다. 가상인간 '하마'의 풀네임은 '할많하마'로, '할 일이 많으니 다 하마'와 '할 말이 많으니 다 하마'라는 의미를 담고 있습니다. 하고 싶은 많은 일들을 다 해보고 싶은 자아실현 추구형 캐릭터인 동시에, 할 말이 있으면 속 시원하게 발언하는 사이다 캐릭터입니다. 그 밖에도 몇몇 기업에 버추얼 휴먼 콘텐츠를 만들어 제공했습니다.

디오비스튜디오의 BM은 '가상 얼굴 분양센터'입니다. 기업 고객이 저희 회사의 B2B 사이트(dobengine.co.kr)에 접속하면 간단히 클릭 몇 번만으로 '새로운 얼굴로 로그인'할 수 있습니다. 저희 고객들은 가상 얼굴 분양센터 서비스를 통해 회사를 대표하는 버추얼 인플루언서를 만들고, 세계적인 박람회에서 상영할 광고 영상을 제작했습니다. 또 하늘의 별이 된 고인의 초상을 복원해서 방송하기도 했습니다.

이처럼 디오비스튜디오는 세상에 없는 새로운 가상 얼굴을 만들고, 저희 기업 고객들은 세상에 없던 새로운 콘텐츠와 BM을 만들고 있습니다.

버추얼 휴먼 사업을 경영하면서 한 사람을 규정하는 데 얼굴이 얼마나 중요한 요소인지를 더욱 깊게 생각하게 되었습니다. '내가 나답다'를 정의할 때 분명 얼굴 말고도 나를 설명하는 다른 중요한 요소들이 많이 있을 것입니다. 예를 들면 성격이라든지, 태도라든지, 능력이라든지, 말투나 몸에 밴 습관이라든지, 옷을 입는 스타일 등이 해당될 수 있을 것입니다. 이렇게 여러 가지 요소들이 있다지만, 그 가운데 얼굴은 분명 나를 '나'로 정의하고 드러내는 가장 직접적인 요소라고 말할 수 있을 것입니다.

최근 사람들과 온라인으로 커뮤니케이션하는 경우가 늘어나면서 외모의 중요성은 더욱 커지고 있습니다. 1부에서 언급했듯이, 화상회의를 할 때 내 얼굴과 다른 사람의 얼굴을 같은 화면에서 반복적으로 보게 되면서, 마치 TV에서 보는 연예인의 얼굴과 같은 높은 미(美)의 기준에 나 자신의 얼굴을 대조하는 심리 현상이 일반인들 사이에서 증가하고 있는 것입니다.

그럼 아름다운 얼굴을 가지려면 어떻게 해야 할까요? 내적 아름다움이 밖으로 표출되는 경우는 논외로 하고 말입니다.

일반적으로 메이크업을 하거나, 병원에서 간단한 시술을 받는 방법이 있을 것이고, 좀 더 큰 각오가 필요한 방법에는 성형수술을 예로 들 수 있겠지요. 그리고 트릭일 수 있지만 가장 손쉬운 방법으로는 각종 필터를 장착한 카메라 앱을 사용하거나, 사진을 포토샵으로 수정하는 방법이 있겠지요. 실제로 행해지고 있는 이 모든 방법의 이면에는 공통적으로 사람은 누구나 아름다운 외모, 또는 자신이 바라는 이상적인 외모를 원하는 니즈가 있다는 것입니다. 그렇다면 성형수술처럼 얼굴에 칼을 대는 고통과 부작용에 대한 염려 없이, 간단한 클릭 몇 번으로 사진은 물론 동영상까지 자신이 원하는 아름다운 가상 얼굴로 변환될 수 있다면 어떨까요? 디오비스튜디오의 기술은 바로 그런 아름다운 외모의 니즈를 채워줄 수 있습니다.

디오비엔진을 통해 만들어진 가상 얼굴은 움직이지 않는 이미지뿐만 아니라 FHD(Full High Definition) 화질의 동영상으로도 구현됩니다. 가상 얼굴로 웃고 이야기하고 노래하고 춤추는 동영상을 만들 수 있는 것입니다. 앞서 소개한 B2B(기업 간 거래) 사이트와 별개로, 디오비스튜디오는 개인들이 루이처럼 디지털 세상에서 전혀 다른 얼굴로 활동할 수 있게끔 디지털 부캐를 만들어주는 B2C(기업과 소비자 간 거래) 플랫폼 또한 기획하고 있습니다. B2C 서비스는 B2B보다 더 많은 트래픽을 소화해야 하고, 개개인의 익명성을 보장해주는 만큼 기술이 악용될 여지에 대한 철저한 대비를 필요로 하기에 서비스를 제공하는 데 시간이 좀 더 걸릴 것 같습니다.

하지만 개인의 익명성과 아름다움이라는 큰 수요 두 가지를 채워줌으로써 더 많은 크리에이터들이 활발히 활동하고, 놀라운 콘텐츠들이 세상에 나올 것을 상상하면 하루라도 빨리 서비스를 론칭하고 싶은 마음입니다.

디오비스튜디오의 가상 얼굴 기술을 응용할 수 있는 사업 분야는 무궁무진합니다. 대표적인 예로 여러 사람이 각각의 재능을 발휘해서 무엇이든지 잘하는 멀티 플레이어 버추얼 휴먼 한 명을 공동으로 제작해 활동할 수도 있을 것입니다. 이를테면 K팝 아이돌 가수가 연기도 하고, 요가도 하고, 발레도 하는데, 심지어 팬들에게 한국어와 영어, 중국어, 스페인어까지 가르치는 그런 다재다능한 캐릭터로 만들 수 있습니다. 버추얼 휴먼의 셀링 포인트에서 설명했듯이 기업의 경우 자사의 상품과 브랜드에 어울리는 광고 모델을 직접 만들어내고, 전략적인 스토리텔링을 매우 효율적으로 이어갈 수도 있을 것입니다.

뉴스 분야에서도 가상 얼굴 기술을 유용하게 활용할 수 있습니다. 모자이크 대신 가상 얼굴을 입혀서 제보자의 신상은 완벽하게 보호하는 동시에 당사자의 솔직한 감정 상태를 나타내줄 수 있는 것입니다. 실제로 2021년 2월에 SBS 〈그것이 알고 싶다〉 프로그램의 '가짜와의 전쟁, 딥페이크' 편에서 디오비스튜디오는 딥페이크 범죄로 인해 피해를 입은 두 여성의 인터뷰를 모자이크가 아닌 가상 얼굴로 교체하는 작업을 맡았습니다. 피해자의 분노와 슬픔, 두려움이 섞여 들어간 그 복잡미묘한 표정을 가상 얼굴로 입혀, 신원은 보호하면서도 감정은 고스란히 방송으로 전달할 수 있도록 구현했습니다. 모자이크 처리로는 그런 복잡한 감정을 전달할 수 없습니다. 뉴스를 대하는 시청자들에게 와닿는 임팩트 또한 다를 수밖에 없습니다.

〈그것이 알고 싶다〉 방송이 나간 이후로, 실제 많은 연락을 받았습니다. 그중 대부분은 가상 얼굴 기술이 기존의 딥페이크 기술과 유사하지만 순기능의 역할, 즉 사람을 이롭게 하는 기술이 될 수 있다는 점에 대한 칭찬의 말씀들이었습니다. 저희 디오비엔진뿐만 아니라 메타버스 플랫폼과 버추얼 휴먼을 만드는 기술은, 여러 기업들이 자사의 비전과 고객의 니즈를 헤아려 열심히 만들고 있습니다. 한편으로는 마치 골드러시처럼 기업들이 너도나도 대박의 꿈에 젖어 있는 듯 보이기도 합니다. 하지만 그 대단한 기술들이 사람을 이롭게 하는 방향으로 발전하지 못한다면 어떻게 될까요? 우리의 미래가 혹여 디스토피아로 내달리게 되지는 않을까요? 작은 스타트업 대표로서 너무 큰 꿈을 꾸는 것은 아닌지 모르겠지만, 디오비스튜디오만큼은 사업도 성공하고 기술도 세상을 이롭게 하는 방향으로 발전시키도록 최선을 다할 생각입니다.

디오비스튜디오의 1호
버추얼 휴먼, '루이'

　　루이는 디오비스튜디오의 가상 얼굴 기술로 선보인 첫 번째 버추얼 휴먼입니다. 앞에서 소개했듯이 주로 트렌디한 팝과 K팝을 커버하는 유튜버입니다. 루이의 눈, 코, 입은 많은 사람들의 얼굴 데이터를 인공지능 기술로 조합해서 새롭게 구현해낸 가상 얼굴입니다. 그런데 루이가 실제 사람과 구별이 잘 안 되다 보니, 루이를 론칭했을 때 '가상인간이라니 믿을 수 없다', '거짓말하지 마라', '가짜라는 증거를 대라', '어그로를 끌어서 조회 수를 높이려는 것이냐', '목을 360도 돌려봐라. 그러면 믿겠다' 등등 가상 얼굴이라는 것을 믿지 못하겠다는 말들이 정말 많았습니다.

　　그러던 중 2021년 3월에 인기 시사 유튜브 채널인 '스브스뉴스'에서 루이와 저를 인터뷰하면서 루이가 인공지능 기술로 만들어진 얼굴이 맞다는 사실이 알려졌습니다. 이 인터뷰는 대중들이 루이를 가상인간으로 인식하는 계기가 되었습니다. 그럼에도 불구하고 루이가 가상인간이라고 하기에는 다양한 각도와 조명 환경에서 구현되는 얼굴들이 너무 자연스러워서, 여전히 진짜 가상인간이 맞느냐고 놀라워하는 목소리가 많습니다.

루이를 만들어낸 저희 회사의 기술 '디오비엔진'은 카메라 앱에서 주로 사용되는 얼굴 보정 기술과 근본적인 차이가 있습니다. 널리 사용되고 있는 얼굴 보정 기술은 눈, 코, 입 등 얼굴 구성 요소를 인식하고, 랜드마크를 설정하여 얼굴을 디지털 데이터화합니다. 이러한 기술까지는 저희 회사의 가상 얼굴 기술과 유사합니다.

얼굴 보정 기술은 그렇게 확보한 데이터를 정해진 틀, 예를 들면 V라인의 턱선, 큰 눈 등 일반적인 미인상에 맞도록 이미지를 왜곡합니다. 그래서 얼굴 보정 기술은 얼굴 인식에 조금이라도 오류가 있을 경우, 얼굴이 아닌 다른 부분까지 이미지를 왜곡시킵니다. 인스타그램에 게재된 사진들 중에서도 얼굴 뒤편의 벽면 문양이 일그러져 있는 경우를 어렵지 않게 찾아볼 수 있습니다. 다리 길이를 늘이기 위해 포토샵을 하는 과정에서 옆에 세워진 자동차 타이어가 긴 타원형으로 변형되는 경우와 마찬가지 상황이 발생하는 것이지요.

🌐 유튜브에서 약 105만 뷰를 기록한 스브스뉴스의 루이 소개 영상

출처: 스브스뉴스, "이 썸네일 얼굴은 가짜입니다. 사람은 진짜고요",
2021. 3. 10. https://www.youtube.com/watch?v=9YixRpBZwRA

그러나 디오비엔진은 얼굴 보정 기술보다 훨씬 많은 정보가 담겨있는 얼굴 데이터를 기반으로 작업이 이루어집니다. 영상과 사진 속 본래의 얼굴을 도화지 삼아 인공지능이 만들어낸 새로운 이미지 데이터를 각각의 자리에 재구성하는 것입니다. 따라서 주위 배경 이미지가 왜곡되는 경우가 발생할 수 없습니다.

디오비엔진은 흔히 '딥페이크'라고 불리는 페이스 스와프 기술과도 차이가 있습니다. 딥페이크가 실존 인물의 얼굴을 본인 허락도 받지 않고 데이터화하여 타인의 얼굴에 합성하는 것이라면, 디오비엔진은 AI가 만들어낸 완전히 새로운 가상 얼굴을 모델의 얼굴에 합성하는 것입니다. 타인의 초상권을 침해하지 않고 AI의 순수 창작물인 가상 얼굴로 살아 움직이는 또 하나의 인격을 만드는 것입니다.

많은 사람들이 루이의 가상 얼굴을 믿지 않거나, 그냥 딥페이크 아니냐고 폄훼하기도 하지만, 루이는 분명 인공지능 분야에서 많은 관심을 받는 첨단 기술의 산물입니다. 그렇기에 국내에서 큰 화제를 모으며 여러 언론사의 주목을 받았고, 미국, 중국, 스페인, 베트남, 인도네시아 등 많은 나라에서도 종종 기사화되고 있습니다.

메타버스 시대의 가상 인플루언서, 루이

'루이(Rui)'라는 이름은 해외 진출을 목표로 영어권과 중국 어권에서 모두 친근하게 느낄 수 있도록 지은 것입니다. 우선, 루이라는 발음은 칼 루이스(Carl Lewis)나 루이 14세(Louis XIV)처럼 서구 지역에서 쉽고 무난한 이름으로 인식될 수 있습니다. 중국어로는 '뤠이'라고 발음되는데, 이는 상서롭고 오묘하며 신비한 존재라는 뜻으로 해석할 수 있습니다.

버추얼 휴먼 산업이 가장 발전한 미국과 브라질, 유럽 등지를 주요 타깃 시장으로 생각하고 있지만, 루이가 중국어권에서도 사랑받기를 바라는 마음으로 표기는 중국어 병음 체계에 따라 'Rui'라고 정했습니다.

디오비스튜디오와 관련된 대외적인 자리에서 저는 자주 "루이 아빠, 오제욱입니다."라고 소개하고 있습니다. 그 이유는 기획부터 기술 개발, 적용, 콘텐츠 제작까지 루이라는 버추얼 휴먼, 즉 하나의 인격으로 인정받는 존재를 제가 직접 낳은 것과 다름없다고 생각하기 때문입니다. 재미있게 표현한다면, 루이는 GPU(그래픽 처리장치)로 낳은 제 딸이라고도 할 수 있을 것 같습니다.

사업 초기에 창업 멤버들끼리 비즈니스 모델과 사업 방향에 대해 토론할 때, 버추얼 휴먼 업계의 고인 물이자, 동시에 홀

륭한 성공 모델인 미켈라의 사례를 주의 깊게 살펴보았습니다. 당시 미켈라에서 착안해 버추얼 휴먼 한 명 한 명을 직접 길러 엔터테인먼트 또는 MCN 사업을 해보자라는 의견이 있었습니다. 하지만 누구나 가지고 있는 멀티 페르소나 중에서 좀 더 매력적이고 부가가치를 만들어낼 수 있는 페르소나를 적합한 외관으로 표출할 수 있도록 우리의 가상 얼굴 기술을 사용한다면, 훨씬 큰 부가가치를 만들 수 있을 것이라고 판단했습니다. 몇 명의 버추얼 인플루언서가 아닌 무수히 많은 일반인들이 새로운 라이프 비즈니스를 펼칠 수 있도록 돕는 기술 서비스가 메타버스 시대에 분명 더 경쟁력이 있을 것 같았기 때문입니다.

그렇게 방향성을 잡고 사업을 시작했기에, 루이의 기획 의도는 애초 미켈라와 같은 셀럽 지향형 버추얼 휴먼과는 차이가 있었습니다. 미켈라가 보여주는 것처럼 주목받고 싶다, 뜨고 싶다, 어그로를 끌고 싶다는 기획이 전혀 아니었습니다. 그래서 루이의 얼굴을 정할 때도 누구에게나 부담스럽지 않고 미움받지 않는 얼굴로 디자인을 해보자고 의견을 모았습니다. 그렇게 '힙'하기보다는 순하고 참한 얼굴이 만들어졌습니다. 페르소나 또한 엔터테인먼트 사업 분야에서 하듯이 강하고 튀는 설정보다는 본체의 매력, 즉 당사자의 숨은 매력이 자연스럽게 드러날 수 있는 캐릭터로 디자인하고자 했습니다.

왜 노래하는 유튜버인가

다양한 기술로 가상 얼굴을 만들고, 사진 속 얼굴을 바꾸는 것은 다른 기업에서도 쉽게 따라 할 수 있는 일입니다. 저희 디오비스튜디오의 가상 얼굴 기술이 남다르다는 것을 보여주려면, 최대한 다양한 앵글과 조명 환경에서도 영상 속 가상 얼굴이 완벽하게 구현된다는 것을 콘텐츠에 녹여내야 합니다. 남들이 어려워하고 따라 하지 못하는 '영상 콘텐츠'를 만들어야 하는 것입니다. 그래서 디오비스튜디오의 첫 번째 버추얼 휴먼루이는 자연스럽게 유튜브를 주력 매체로 활동하는 인플루언서로 만들게 되었습니다. 문제는 유튜브가 이미 치열한 레드오션이고, 특히 신규로 채널을 만드는 크리에이터에게는 인기를얻는 것이 날이 갈수록 어려워지는 기울어진 운동장이라는 점이었습니다. 아무리 소위 신박한 기술로 버추얼 휴먼을 만든다한들, 그 기술만을 이유로 대중들이 루이의 콘텐츠를 봐줄 것이라고 기대하기는 어려웠습니다.

현재 저는 약 600명의 유튜버들이 활동하는 커뮤니티에서 비즈니스 멘토를 맡고 있습니다. 2017년부터 직접 유튜브 크리에이터로 활동하며, 많은 유튜브 크리에이터와 소통하기도 했습니다. 그렇기에 유튜브 크리에이터로 산다는 것이 어떤 의미인지, 얼마나 많은 어려움이 있는지 알게 되었습니다. 영상을 기가 막히게 잘 만드는 크리에이터가 심혈을 기울여 탁월한 콘텐츠를 만들어도 조회 수가 좀처럼 나오지 않는 경우가 부지기수입니다. 유튜브를 움직이는 내부의 시스템은 새로운 채널에 영상이 업로드되었을 때, 어떤 영상이 좋은 영상인지 정확히 파악하기 어렵습니다. 네티즌들의 시청 기록 데이터가 누적되어야 좋은 영상인지 아닌지 판단할 근거를 얻는 것인데, 구독자 수가 적은 신규 채널의 경우 시청 기록 데이터가 너무 적어서 유튜브 시스템이 정확한 판단을 내릴 수 없습니다. 이 같은 시스템으로 인해 유튜브는 그런 채널의 영상들을 이용자들의 피드에 추천 영상으로 올려주거나, 검색 결과 리스트 상단에 섣불리 노출시켜 줄 수 없습니다. 신참 크리에이터들은 대중에게 자신의 영상을 선보일 기회조차 쉽게 얻을 수 없다는 의미입니다.

또 방송사나 대형 제작사들이 셀럽들을 동원해 화려하고 자극적인 콘텐츠를 많이 만드니, 개인이나 소수 팀으로는 경쟁하기가 힘듭니다. EBS의 '자이언트 펭TV'나 JTBC의 '워크맨' 같은 전문적으로 제작된 PGC(Professionally Generated Content)를 한두 명의 개인 크리에이터가 이기기는 정말 어려운 일입니다. 네티즌들이 유튜브를 시청하는 시간의 총량이 점점 늘어나고는 있다지만, 결국 한 명의 개인이 유튜브를 시청할 수 있는 시간은 제한되어 있습니다. 전문적으로 제작된 PGC를 보는 사람

🌐 루이의 'Don't go yet' 커버 영상 썸네일

들이 늘어난다는 것은, 개인 크리에이터들의 콘텐츠를 보는 사람들이 줄어든다는 말과 같습니다. 유튜브 채널이 커지고 애드센스(AdSense, 유튜브 동영상에 따라붙는 광고) 수익이 늘어 정식으로 팀을 꾸렸는데, 갑자기 알고리즘이 달라진 것인지 영상이 충분히 노출되지도 않고 조회 수가 떨어지면서 수입이 크게 줄어들어 낭패를 보는 경우도 있습니다. 이런 시스템적인 리스크 외에도, 유튜브의 정책 변경에 따른 리스크도 적지 않습니다. 대표적인 예가 유튜브 키즈(YouTube Kids) 채널 정책입니다. 유튜브에 업로드한 영상이 어린아이들을 타깃으로 하는 경우 댓글을 달 수 없고, 채널 구독자가 알림 설정을 할 수 없는 등의 제약이 생겼습니다. 이에 유명 키즈 채널 크리에이터들이 하루아침에 수입의 3분의 2가 줄어드는 경우도 보았습니다.

버추얼 휴먼 루이의 제작은 이런 콘텐츠 생태계에 관한 이해와 고민에서부터 출발했습니다. 유튜버로 만들어야 했고, 어떻게든 많이 노출시키고 사랑받을 수 있는 콘텐츠를 만들어야 했습니다. 매력적인 콘텐츠를 만들어 바이럴(viral)이 되길 바라지만, 작은 스타트업으로서 감당할 수 있는 수준의 제작비로 만들 수 있어야 했습니다. 그렇게 포착된 것이 음악이었고, 노래하는 커버 콘텐츠였습니다. 유튜브에서 노래 커버 영상은 인기가 높습니다. 유튜브에서 자동으로 저작권에 대한 분배를 해주기 때문에 콘텐츠 자체로 인한 애드센스 매출은 아예 없거나 매우 적지만, 매력적인 콘텐츠를 만들면 이용자들이 영상을 보고 락인(Lock-in, 묶어 두기) 되고, 팬덤으로 모이며 서로 추천하게 만들 수 있기 때문에 노래하는 콘텐츠가 적합하다고 판단했습니다. 어릴 때 가수를 꿈꾼 적도 있고, 석사 과정에서 '음악 크리에이터의 수익 모델'을 주제로 논문을 쓰기도 해서 더 자연스럽게 음악 콘텐츠를 떠올릴 수 있었습니다. 만약에 저희 회사가 초기부터 수억 원의 자본금을 가지고 좀 더 여유 있게 사업을 운영할 수 있는 기업이었다면, 콘텐츠 제작의 접근 방식이 달라졌을지도 모르겠습니다.

이렇게 루이를 노래하는 버추얼 유튜버로 만들겠다고 확정하고 나서는 그 본체를 찾기 위해 많은 노력을 기울였습니다. 노래만으로도 사람들의 관심을 끌 수 있는 사람이면 좋겠다고 생각했습니다. 그래서 많은 사람들이 익히 알고 있는 유명 가수에게 제안하기도 했습니다. 아이돌 지망생이나 연습생, 그리고 노래를 잘하는 유튜버들도 만났습니다. 예상은 했지만 버추얼 유튜버의 섀도 싱어(Shadow singer)로 참여할 인물을 찾는 일은 정말 쉽지 않았습니다. 만난 사람들 대부분이 본인의 얼굴을 드러내고 활동하면서 성공하고 싶어 했습니다. 저 또한 가수가 되고 싶었던 사람이었기에 그 마음을 충분히 공감할 수 있었습니다. 게다가 당시만 해도 국내에 버추얼 휴먼이나 버추얼 인플루언서 같은 개념이 매우 생소했기 때문에 여러 명에게 제안했지만 설득하기가 참 어려웠습니다.

　　그러던 중 20대 초반의 아이돌 연습생 출신인 한 여성을 만나게 되었습니다. 그녀에게 버추얼 유튜버 콘셉트를 이야기하고, 정체를 드러내지 않고 노래하는 콘텐츠를 만든다고 하니 눈을 반짝반짝 빛내며 긍정적인 반응을 보였습니다. 알고 보니 그녀는 오랜 기간 연습생으로 지내다 데뷔를 앞둔 시점에, 소속사 고위 관계자로부터 아이돌 관상이 아니라는 식의 납득하기 어려운 말을 들었고, 결국 데뷔가 무산된 가슴 아픈 경험이 있었습니다. 연예계의 스타 메이킹을 하는 사람들에게 그녀는 노래와 춤 실력이 아닌 엉뚱한 관상을 이유로 평가절하 받아야 했던 것입니다. 이렇듯 납득할 수 없는 상황에 연습생 생활을 정리했던 그녀에게 노래만으로 승부할 수 있는 '루이'로서의 활동은 매력적인 제안이었나 봅니다. 그렇게 그녀는 루이커버리 프로젝트 제안을 흔쾌히 수락했습니다. 루이가 합류한 지 벌써 1년이 훌쩍 넘었습니다. 저 역시 과거에 가수로서의 꿈을 좌절당했던 경험이 있기에, 루이 본캐가 행복하게 노래할 수 있는 환경을 만들어주기 위해 더욱 애쓰고 있습니다.

루이의 페르소나

어떤 목적으로, 또 어떤 기술로 만들든 일단 버추얼 휴먼을 만들었으면 창조주들은 공통된 숙제에 직면합니다. 어떤 콘텐츠를 만들 것인가, 콘텐츠를 만들면 또 어떤 플랫폼에서 어떻게 선보이고, 어떤 사람들의 입에 오르내리게 만들 것인가 하는 문제입니다. 버추얼 휴먼은 페르소나와 세계관에서부터 말 한마디 한마디, 행동 하나하나를 만들어줘야 하는 인공의 존재여서, 마치 게임 캐릭터를 조종하는 프로게이머가 된 것 같은 기분도 듭니다.

만약 현실 세계와 구별이 어려울 정도로 정교한 가상세계에서 전혀 다른 인격으로 살아볼 수 있다면, 여러분은 무엇부터 하고 싶은가요? 버추얼 휴먼은 인격과 동등하거나, 적어도 지금껏 인간이 아닌 모든 존재들에 비해서는 가장 인격과 유사한 존재입니다. 특히 기업이 마케팅을 목적으로 버추얼 휴먼을 만들었다면, 페르소나의 설정과 콘텐츠 기획에 더욱 신중을 기해야 합니다. 이 세상의 어떤 인격적인 존재도 타인에 의해 철저히 이용되기 위해 태어나지는 않으니까요. 자칫하면 막대한 비용과 시간을 들여 기껏 인간을 흉내 내는 마네킹을 만드는 데 그칠 수도 있습니다.

루이를 만들 때도 어떤 세계관 속에서, 어떤 페르소나로,

어떤 콘텐츠에 등장하게 할지 많은 고민을 했습니다. 대중이 공감하고 환호하는 세계관을 만드는 것은 쉬운 일이 아닙니다. 마블코믹스(Marvel Comics)와 DC코믹스(DC Comics)의 세계관은 말할 것도 없고, 국내 웹툰계의 마블이라 불리는 웹툰 제작사 YLAB의 슈퍼스트링(YLAB의 인기 웹툰 속 주인공과 영웅들의 스토리를 하나의 세계관으로 통합시킨 프로젝트) 유니버스나 SM엔터테인먼트의 SMCU(SM엔터테인먼트의 모든 아티스트들이 하나로 연결되어 있는 세계관) 또한 수많은 전문가들과 매력적인 셀럽들, 캐릭터들, 천문학적 비용이 투입되어 형성된 것이지 결코 간단히 이루어진 것이 아닙니다. 어설픈 기획은 인기를 얻기보다 오히려 빈축을 살 우려도 있습니다.

이렇듯 '세계'를 구체적으로 보여줘야 하기 때문에 복잡하고 어려운 세계관 설계에 비해 단 한 명의 버추얼 휴먼으로 페르소나를 구체화하는 것은 상대적으로 쉽습니다. 특히 저희 루이와 같은 '부캐' 성격의 버추얼 휴먼은 페르소나 기획이 어렵지 않습니다.

처음 루이의 본캐를 만나 캐릭터를 구상할 때, 여러 번의 인터뷰와 세심한 관찰을 통해 겉으로 드러나는 매력 외에도 숨은 매력이나 장점을 발굴해서 이를 드러날 수 있게끔 시도했습니다. 인터뷰 과정에서 가장 인상 깊었던 것은 "당신의 관심사는 무엇입니까?", "당신은 인기 있는 스타 인플루언서가 되면 어떤 일을 하고 싶습니까?"라고 질문했더니, "불쌍하고 어려운 위치에 있는 아이들을 돕고 싶어요."라고 답한 순간이었습니다. 아이들의 교육을 지원하는 분야에서 돕고 싶다고 구체적으로 답변하는 그녀를 보며, 평소 진심으로 아이들을 돕고 싶어 했다는 것을 느끼고 감동했던 기억이 납니다. 이런 선한 사람이 인플루언서가 된다면, 분명 긍정적인 영향력이 발산되겠구나라는 생각이 들었습니다. 그래서 루이를 선하고 순한 캐릭터로 설정하게 된 것입니다. 작위적으로 의도한 것이 아니었습니다. 사실 선한 캐릭터로는 대중의 관심을 끌기가 어렵습니다. 아무래도 눈에 띄는 것은 힙하고 강렬하며 임팩트 있는 캐릭터들입니다. 그래서 많은 버추얼 휴먼들이 소위 어그로를 끌기 위해 화려한 의상을 입고, 셀럽들과 어울리거나 사치를 부리기도 하고, 타인을 지적하며 강한 메시지를 던지는 모습을 연출하기도 합니다.

하지만 본캐의 실제 모습과 페르소나에서 가장 매력적인 것을 모아, 부캐 콘텐츠에서 집중적으로 보여주는 것은 확실히 유효한 페르소나 기획 방법입니다. 현재 루이는 노래나 춤을 커버하는 활동 외에도, 선한 캐릭터와 이미지로 알려져 여러 기업들과 행사를 위한 홍보대사로 활약하고 있습니다. 예를 들면 한국관광공사나 문화체육관광부의 홍보대사로 활동하고 있고, 국민들을 대상으로 한 공익 캠페인(마스크 착용, 사회적 거리 두기 등)에도 여러 차례 출연한 바 있습니다. 국제 콘퍼런스나 세미나에서 여러 번 축사를 맡기도 했는데, 밝고 선한 표정으로 조곤조곤 얘기하는 모습이 적어도 제 눈에는 사랑스럽기 그지없었습니다.

버추얼 휴먼을 만드는 것은, 마치 아이를 낳아 기르는 것만큼이나 어려운 일입니다. 적어도 아이는 태어나면 성장해서 사회적 책임을 다할 수 있게 되기까지 많은 것을 가르칠 수 있는 시간적인 여유가 주어집니다. 그런데 버추얼 휴먼은 이 세상에 태어나자마자 성인의 '인격'에 준하는 역할을 해야 하니, 기본적인 것을 가르칠 시간조차 주어지지 않습니다. 완성된 인격으로 만들기가 더더욱 어려울 수밖에 없다는 의미입니다. 유명한 버추얼 휴먼을 목표로 한다면 힙하고 쿨한 연출로 만들 수 있습니다. 하지만 사랑받는 버추얼 휴먼은 입체적인 페르소나로 리얼한 스토리텔링을 이어갈 수 있어야 하고, 무엇보다 인간적인 매력을 갖춰야만 탄생됩니다.

많은 기업들이 버추얼 휴먼을 만들면 리얼 휴먼과의 어렵고 복잡한 관계에서 해방되고, 컴퓨터 앞에 앉아 많은 사람들이 열광하는 존재를 컨트롤할 수 있을 것이라고 기대합니다. 하지만 사람들이 진심으로 매료되는 것들, 예를 들면 짧은 순간 포착되는 미묘한 표정 속 진심과 따뜻한 마음, 존경과 인정, 선함 같은 정신적인 부분들을 디지털로 만들어낼 수 있을까요?

🌐 유튜브에서 약 165만 뷰를 기록한 한국관광공사 안심여행 캠페인 영상

출처: 한국관광공사, 대한민국 구석구석(유튜브 채널),
"[버츄얼 휴먼 × 안심여행 캠페인] 버츄얼 휴먼 루이와 안심여행 떠나볼까요",
2021. 6. 22, https://www.youtube.com/watch?v=CI-sdEuq07M

하나의 인격으로 인정받는 버추얼 휴먼의 페르소나를 기획할 때 본캐를 기반으로 설계하기를 권해 드리는 이유가 여기에 있습니다. 본캐의 매력과 잠재력이 부캐 활동을 통해 더욱 주목받고 발전하면서 본캐일 때는 알지 못했던 모습으로, 마치 두 번째 인생과 같은 '부캐 라이프'를 살아가게 되는 것입니다. 앞서 살펴본 멀티 페르소나 편에서 유재석 씨가 실제로 갖고 있는 장점과 매력, 실력에서 착안해 트로트 가수 유산슬이 가능했던 것처럼 말이지요.

　루이는 착하고 바른 생활하는 버추얼 휴먼이다 보니, 다른 가상인간들에 비해 유독 공공 기관에서 함께 일하자는 제안이 자주 들어오고 있습니다. 만약 루이의 본캐가 바른 생활과는 거리가 먼 사람이었다면, 그래서 디오비스튜디오가 작위적으로 설계한 페르소나에 맞춰 연기했던 것이라면 과연 본캐가 행복했을까요? 그리고 루이를 지켜보는 많은 사람들 중 소위 '찐팬'들이 점점 많아지는 현상이 가능했을까요? 루이의 본캐는 현재 대학생입니다. 철저히 보호된 익명성 안에서 여느 학생들과 다름없이 캠퍼스 생활을 하고 있고, 한편으로는 디지털 부캐인 루이라는 이름으로 가수, 인플루언서로서 매력을 발산하며 활동하고 있습니다. 매 학기 성적도 우수하고, 학업을 마친 후에는 싱어송라이터로서 음악을 만들고, 프로듀서 일을 배우며 활동하고 싶은 꿈을 가지고 있습니다. 저희 회사도 루이 본캐의 성실한 학교 생활을 응원하고 있고, 졸업 후에도 성숙한 뮤지션으로서 본캐와 부캐에서 모두 성장할 수 있도록 도우며 함께할 계획입니다.

현재의 루이 그리고 미래의 루이

얼마 전 가상인간에 대한 연구를 하고 있는 박사 과정 대학원생 한 분의 인터뷰에 응해 대화를 나누는 시간이 있었습니다. 여러 질문에 답하는 도중에 루이의 장기적인 비전에 대해 다루게 되었는데, 인상 깊었던 그 질문에 대해 다시 한번 정리하고 싶어서 지면을 빌려 이야기해봅니다. 인터뷰어는 루이가 본캐가 존재하고 현재 젊은 여성인데, 예를 들면 '영원한 21살', '언제까지나 24살'과 같은 식으로 버추얼 휴먼으로서의 나이를 젊게 고정해서 운영할 것인지 궁금해했습니다. 그러면서 루이의 장기적인 비전에 대해 질문했습니다.

버추얼 휴먼을 운영하는 입장에서 이 같은 사안은 핵심을 찌르는 이슈이고, 회사마다 어떻게 운영하는 것이 적절할지 고민되는 문제입니다. 먼저, 기술적으로 보면 루이의 본체가 나이가 계속 들더라도 지금의 외관과 목소리를 유지할 수 있는 기술은 이미 존재합니다. 지금의 모든 정체성에 대한 설정을 불변의 것으로 고정한다고 해도, 기술적으로는 크게 문제될 것이 없습니다. 사실 루이의 나이에 대해서는 대외적으로 명확하게 몇 살인지 콕 짚어서 명시한 적은 없습니다. 현재는 본체인 당사자가 여대생이어서 버추얼 유튜버 활동도 같은 연령대로 활동하고 있습니다. 하지만 루이가 점점 대중에게 알려지고 있는 시점이어서, 이제는 현재와 미래의 나이를 비롯한 정체성에 대해서도 좀 더 명확하게 정리해야 할 시점이 되었다는 생각이 듭니다.

싸이더스스튜디오엑스의 버추얼 휴먼 로지는 '영원한 22살', 즉 나이를 먹지 않는 불변의 존재로 기획되었습니다. 로지의 경우 언론 등을 통해 접한 바에 따르면, 보디(body) 모델이 세 명이 있다고 합니다. 그들의 나이까지는 알지 못하고요. 하지만 짐작하건대 어떤 사람은 실제 로지와 같은 나이일 것이고, 어떤 사람은 조금 다른 나이일 테지요. 인스타그램에서 보여지는 비주얼로 보면, 현재의 모델들이 로지보다 훨씬 나이가 많지는 않을 것이라고 생각됩니다. 그들이 앞으로 5, 6년 또는 꽤 오랜 기간 로지의 보디 모델 역할을 한다고 해도 기술적으로 현재와 동일한 외관의 로지를 유지하는 것은 전혀 어려운 일은 아닐 것이라고 봅니다. 그 보디 모델들이 아니어도 다른 모델을 새롭게 교체해서 기용할 수도 있을 테고요. 그런데 기존 본체 모델들이 아닌 전혀 다른 사람이 로지의 보디를 맡게 되면, 로지에게 열광하던 대중들은 그 변화를 눈치챌 수 있을까요? 일본의 버추얼 유튜버 키즈나 아이의 경우, 본체인 성우가 중도에 은퇴를 했습니다. 키즈나 아이의 성우가 교체되면서 목소리나 말투, 자주 사용하는 표현 등이 조금 바뀌었는데 그 차이가 크지 않았음에도 적지 않은 팬들이 혼란스러워했습니다. 또한 기존의 성우가 다시 맡아주기를 바라는 의견도 많았습니다. 바뀐 성우 역시 전문성이 뛰어난 실력파 성우였지만, 찐팬들은 기존 성우의 사소한 언어 습관까지 비교해가며 '내가 알던 키즈나 아이'가 아니라고 느끼는 것입니다.

키즈나 아이의 경우 버추얼 휴먼의 중요한 구성 요소인 목소리와 언어가 바뀌었을 때 캐릭터 페르소나가 흔들리는 경험을 했지만, 로지의 경우는 보디 모델이 바뀌어도 큰 문제는 없을 것이라고 생각합니다. 키즈나 아이의 팬들 중 상당수가 성우의 매력적인 목소리와 귀엽고 다정한 말투에 매료된 것이 었던 반면, 로지는 목소리 없이 비주얼만으로 소구하는 캐릭터이기 때문입니다. 하지만 만약 로지가 앞으로 목소리가 생겨나고, 즉 말과 노래로 더욱 뚜렷해진 성격으로 대중에게 더 큰 사랑을 받게 된다면, 그때는 로지가 '영원한 22살'로 존재하기는 쉽지 않을 것입니다. 물론 기술적으로는 보디와 마찬가지로 목소리 또한 디지털로 구현이 가능합니다. 하지만 기계적인 목소리가 아닌 살아 숨 쉬는 사람과 같은 언어 구사는 아직까지 컴퓨터가 흉내 내기 어려운 영역입니다. 언젠가 사고와 언어 지능 모두 인간에 못지않은 완벽한 디지털화가 가능해진다고 해도 비용이 아주 높아질 것입니다.

저희 회사의 루이는 본캐가 한 해씩 나이를 먹어갈수록 함께 나이 드는 캐릭터로 만들고자 합니다. 목표는 어렸을 때 데뷔해서 평생 대중에게 사랑받는 셀럽처럼 오래도록 활동하는 것입니다. 루이의 외관이 나이 들지 않게 만드는 것은 기술적으로 얼마든지 가능하지만, 루이의 찐팬들은 본캐에서 비롯된 페르소나에 반응하고 있다고 생각합니다. 따라서 루이를 20대 초반에 묶어두고 본캐에게 작위적인 연기를 시키고 싶지는 않습니다. 버추얼 휴먼을 운영하는 데 필요한 비용 또한 이유가 됩니다. 루이가 나이 들 때 얼굴의 주름 등을 없애면서 기존의 젊은 루이 얼굴을 계속 유지하며 제작하는 것과 마찬가지로, 젊은 목소리를 유지하는 작업은 기술적으로 경제성의 문제가 확실히 존재합니다.

루이가 아닌 기업 고객의 버추얼 휴먼을 만들거나, B2C 서비스가 준비되어 개개인의 부캐로 버추얼 휴먼을 만들 때는 일방적으로 나이가 변한다, 안 변한다를 못 박아놓기보다는 고객 각각의 니즈를 우선적으로 고려하려고 합니다. 예를 들어 본캐인 고객이 '나는 늙어가지만 나의 분신인 부캐는 영원히 그 모습 그대로 젊고 아름다웠으면 좋겠어'라고 생각한다면, 그에

선하고 긍정적인 이미지로 많은 사람들에게 사랑받고 있는 루이

따르는 것이지요. 영원히 변하지 않는 기업의 얼굴로 버추얼 휴먼을 만들고자 하는 경우에는, 마치 미키 마우스처럼 100년이 흘러도 일관성을 유지하는 캐릭터로 만들 수 있습니다. 물론 비용은 높아질 수도 있겠지만 말입니다.

버추얼 휴먼계의 한류를 꿈꾸며

현재 인공지능 기술 분야에서는 미국과 중국이 선두 자리를 놓고 경쟁하며 세계 최고의 기술 국가임을 자부하고 있습니다. 전 세계적으로 가상 얼굴을 생성하는 인공지능 기술과 영상을 합성하는 기술 분야에서 우리나라는 낮은 수준은 아니지만, 이 분야의 원천 기술로만 놓고 보면 역시 중국과 북미 지역이 가장 앞서 있습니다. 캐릭터를 운영하는 콘텐츠 측면에서는 다른 나라들보다 미국과 일본, 브라질이 좀 더 앞서 있습니다. 더불어 인공지능을 활용하여 가상인간을 구현하는 기술적 시도들이 여러 나라에서 수없이 이루어지고 있고, 가상인간을 제작하기 위한 응용소프트웨어도 많이 개발되고 있습니다.

인공지능 기술 분야의 세계적인 동향을 살펴볼 때면, 저희 디오비스튜디오를 비롯한 우리나라의 관련 기업들이 조금씩 더 분발했으면 하는 조급한 마음이 들 때가 있습니다. 한류 콘텐츠가 중국에서 가장 영광을 누리던 시기에 그 현장에서 수혜를 봤던 사람으로서 인공지능 기술 분야에서도 한류의 영광을 실현했으면 하는 욕심인지도 모르겠습니다. 인공지능은 뇌와 같은 신경망에 얼마만큼의, 어떤 데이터를 주입하여 훈련시키느냐에 따라 각 모델의 성능이 고도화됩니다. 데이터 자체가 너무 중요하고, 그 데이터를 확보하는 방식도 중요합니다. 다가올 메타버스 시대에 가상공간 안에서 패권을 쥐기 위해서는 결국은 데이터가 힘이라고 해도 과언이 아닙니다. 그래서 다른 무엇보다 더 많은 양질의 데이터를 안전하면서도 쉽게 수집하고, 가공하고, 다양한 연구개발에 활용할 수 있었으면 좋겠습니다.

인공지능 기술을 개발하는 기업 입장에서는 기본 중의 기본인 충분한 데이터의 수집부터가 마치 문제집 첫 페이지부터 가장 어려운 수학 문제를 받은 것 같은 느낌입니다. 인공지능 기술 분야에서 정부의 도움을 간절히 필요로 하는 이유가 바로 이런 점에 있습니다.

빅데이터 연구 분야의 권위자인 빅토어 마이어 쇤베르거(Viktor Mayer Schonberger) 옥스퍼드대학 교수는 화폐 기반의 자본주의가 데이터 기반으로 진화하고 있다고 역설하며, 자본주의의 재발명이 일어나고 있다고 밝혔습니다. 즉 데이터가 중요하다는 것은 앞으로도 불변하지 않는 사실이기에, 데이터를 잘 수집하고 관리할 수 있는 환경이 마련되어야 인공지능 산업도, 그리고 인공지능 관련 기업도 발전할 것이라고 봅니다.

　디오비스튜디오 역시 글로벌 시장을 겨냥하고 있고, 한국 기업으로서 세계에서 누구보다 빠르게 버추얼 휴먼 시장을 개척하고 싶은 마음이 큽니다. 현재 루이는 유튜브를 통해 전 세계 시청자들의 눈길을 끌고 있습니다. 루이커버리 채널은 영어, 중국어, 스페인어를 포함해 거의 모든 언어권을 대상으로 발행되고 있습니다. 실제 해외에서 유입되는 시청자의 비율이 약 30퍼센트에 이르고 있습니다. 또한 루이를 제작하여 학계 및 업계에서 '세계 최초의 딥페이크 기반 가상인간 개발 및 상용화' 사례로 인정받고 있습니다. 그 덕분에 세계 시장에 입소문이 나면서 미국, 중국, 태국, 베트남, 인도네시아 등 여러 국가에서 보도되었습니다.

　디오비스튜디오는 개인에게 가상 얼굴을 분양하는 가상 얼굴 플랫폼(B2C 플랫폼)을 2022년 국내에 출시하는 것을 목표로 하고 있습니다. 이 플랫폼을 세계 시장에 출시하기 위해서는 인공지능이 다양한 인종의 얼굴을 학습할 필요가 있습니다. 다행히 서구권에서는 얼굴 데이터가 이미 많이 축적되어 있어서 서비스 개발을 위한 데이터 확보는 크게 어렵지 않습니다. 국내 시장 출시 이후 다양한 인종의 버추얼 휴먼을 만들 수 있도록 빠르게 업그레이드한다면, 2023년경에는 B2C 가상 얼굴

🌐 한복도 아주 잘 어울리는 버추얼 휴먼 루이

플랫폼을 세계 시장에 선보일 수 있게 될 것입니다. 각 대륙의 여러 나라, 여러 인종 네티즌들이 나이와 인종을 뛰어넘는 새로운 얼굴과 정체성으로 SNS에 출현하고 서로 연결되면서, 또 어떤 놀라운 콘텐츠를 만들어나갈지 상상하면 설레기까지 합니다.

인공지능을 비롯한 기술 면에서뿐만 아니라, 버추얼 휴먼을 중심으로 한 콘텐츠 면에서도 K팝, K드라마의 명맥을 따라 한류를 이어가고 싶습니다. 디오비스튜디오는 외국인을 대상으로 한국어 회화 교육 서비스를 하는 예비 사회적 기업 코리안앳유어도어(KAYD)라는 스타트업과 함께 버추얼 휴먼을 활용한 한국어 교육 콘텐츠를 만들고 있습니다. 한류 콘텐츠의 놀라운 인기 덕분에 한국어에 대한 외국인들의 관심이 높아지고 있고, 한국어를 배우고 싶어 하는 사람들도 많아지고 있어서 사업 전망 또한 긍정적입니다. 외국어를 일정 수준 이상 학습한 사람들은 그 언어를 사용하는 나라와 좀처럼 떨어지지 않는 유대감과 연결고리를 갖게 됩니다. 우리나라의 문화 콘텐츠와 연예인을 좋아하는 해외 팬들이 한국어까지 공부하면, 그들은 문화 대사에 못지않은 외교적 효과를 발휘할 것입니다. 버추얼 휴먼으로 한국어를 가르치는 콘텐츠를 만들면서, 강사 자체도 메타버스에서 인기 있는 셀럽이 되기를 바라는 마음도 있습니다. 온라인에서만 만날 수 있다는 점에서 온라인 강사와 버추얼 휴먼은 그 정체성이 가장 유사한 존재들이기도 하니까요.

루이, 하마, 또 다른 버추얼 휴먼

루이커버리 채널을 운영하면서 사업 외적으로 보람을 느꼈던 이유 중의 하나는, 루이 본캐가 성격이 밝아지고 자신감도 높아졌다는 것입니다. 익명성과 프라이버시를 보장받고 자유로움을 느끼면서 유튜버로서 자신이 가진 매력을 아낌없이 펼쳐보일 수 있었기 때문일 것입니다. 그런 자연스러운 연출 덕분에 부캐로서 사람들에게 더욱 많은 사랑을 받을 수 있었고요. 루이의 모습을 가장 가까이에서 지켜보면서, 가상 얼굴 서비스가 일반인 누구에게나 새로운 기회가 될 수 있다는 확신을 얻었습니다. 가상 얼굴이 자아실현을 돕는 역할을 할 수 있다고 생각하게 되었습니다.

물론 가상 얼굴을 로맨스 스캠(Romance Scam)이나 투자 사기, 가짜 뉴스 같은 범죄에 악용할 여지가 있기 때문에(SNS를 통해 접근하는 로맨스 스캠 등의 범죄에 대해서는 다음에 이어질 항목 참조), 이에 대한 충분한 대비를 하기 이전에는 개인 서비스는 제공하지 않을 계획입니다. 디오비스튜디오의 홈페이지(www.dob.world)에도 이 같은 내용을 정확하게 고지해 놓았습니다. 그럼에도 불

⊕ 필자(좌)와 필자의 투머치토커 부캐 '하마'(우)

구하고 제2의, 제3의 루이가 되고 싶다는 문의는 계속되고 있습니다. 그만큼 가상 얼굴 기술의 순기능이 루이를 통해 잘 드러나 대중의 관심을 끌었다고 볼 수 있을 것 같습니다.

저부터도 '부캐'로 살아보고 싶은 마음이 강합니다. 제가 살아온 길을 돌아볼 때 가보지 못한 길, 그래서 미련이 남아 있는 길을 부캐로 한번 걸어보고 싶었습니다. 제 개인적인 필요 때문만이 아니라, 저희 회사의 가상 얼굴이 얼마나 익명성을 잘 보호해 주는지, 본캐보다 더 잘생긴 얼굴 또는 개성 있는 얼굴로 만들어주는 것이 맞는지 대중에게 보여줄 필요도 있었기에 제 부캐를 만들었습니다. 루이의 경우는 시작부터 본캐를 밝히지 않는 프로젝트로 약속되어, 본캐와 부캐를 보여주지 못하는 아쉬움도 있었습니다. 이런 배경으로 만들어진 버추얼 휴먼이 '하마'입니다.

앞에서 언급했듯이, 하마는 청년들의 창업과 진로 멘토이자, 튜터나 사회운동가로서 할 일도 많고, 할 말도 많은 '투머치 토커(Too Much Talker)' 캐릭터입니다. 창업을 비롯한 커리어 면에서 제가 겪었던 시행착오나 힘들었던 경험을 청년들에게 기꺼이 나누어주고, 또 적극적으로 사회 문제에 대한 목소리를 내면서 선한 영향력을 주는 버추얼 인플루언서로 키울 계획입니다. 제 직업 이력이 독특하다 보니, 삶의 과정을 솔직하게 풀어놓는 과정에서 특히 청년들에게 도움이 되는 이야기들을 전할 수 있지 않을까 생각합니다.

　루이와 하마 외에도 또 다른 버추얼 휴먼을 지속적으로 만들어 활동하게 하면서 '가상 얼굴 분양센터'라는 비즈니스 모델에 대한 구체적인 청사진을 제시하고자 합니다.

　앞으로 버추얼 휴먼은 OTT 플랫폼, 온라인 교육 플랫폼 등과 같이 콘텐츠 산업 영역에서 점점 더 다양하게 활용될 것이라고 생각합니다. 아직까지는 기술적 한계도 있고 경제성 면에서도 개선이 필요하지만, 버추얼 휴먼을 활용하는 것이 어떤 장점이 있는지 콘텐츠 업계에서는 충분히 확인되고 알려졌다고 봅니다. 기술이 더욱 발전하고, 그래서 더 빠르고 저렴하게 버추얼 휴먼을 만들 수 있게 된다면, 다양한 목적으로 자신을 표현하고자 하는 기업과 개인들에게 유용하게 사용될 수 있을 것입니다. 메타버스라는 거대한 흐름을 타고 마치 예전 싸이월드에서의 미니미처럼 전 세계 네티즌들이 각자의 버추얼 휴먼으로 환상적인 디지털 세상을 만들어가는 모습도 상상해볼 수 있을 것입니다.

버추얼 휴먼과 더불어 사는 디지털 지구로의 이주

가상 얼굴 기술을 활용한 버추얼 휴먼을 만들고 출시하고 활발하게 사업을 운영하기까지 많은 어려움이 있었지만, 사업 외적으로도 여러 난관을 만났습니다. 우선 저희 가상 얼굴 사업이 외모지상주의를 부추기는 것 아니냐는 질문을 수차례 받았습니다. 또 첫 번째 버추얼 휴먼을 왜 20대 초반의 아름다운 여성으로 기획했느냐며 젠더 이슈로도 비판을 받은 바 있습니다. 민감한 개인 정보를 취급하는 점에 있어서도 누군가의 얼굴 데이터를 함부로 가져다 사용하는 것은 아니냐는 의심의 눈초리도 받았습니다. 유명인의 얼굴을 허락도 받지 않고 베껴서 음란물이나 가짜 뉴스에 악용하는 딥페이크 범죄가 자주 발생하고 있기에, 처음부터 저희 가상 얼굴 기술에 대해 날카롭고 엄격한 잣대로 바라보는 사람이 많습니다. 저희 회사가 더욱 신중하고 조심스럽게 사업을 추진하고 있는 이유이기도 합니다. 이 책 전체에 걸쳐서 강조했듯 저희 회사 역시 그 무엇보다 '딥페이크' 문제에 대해 공감하고 있습니다. 저희 디오비 스튜디오의 지속 가능성과도 결코 무관하지 않은 이슈이기 때문입니다.

딥페이크 기술을 악용한 성범죄와 피싱(Phishing) 범죄가 날로 심각해지고 있습니다. 피싱이란 '개인 정보(Private data)를 낚

는다(Fishing)'는 의미의 합성어입니다. 전화나 문자, 메신저, 가짜 사이트 등을 통해 이용자를 속여 개인 정보와 금융 정보를 빼내 재산을 갈취하는 사기 수법을 말합니다. 피싱의 대표적인 유형으로는 보이스 피싱, 메신저 피싱 등이 있는데, 요즘에는 특히 SNS를 통한 '로맨스 스캠' 유형의 범죄가 많이 발생해 심각한 사회 문제로 떠오르고 있습니다. 로맨스 스캠은 SNS나 이메일 등 온라인으로 접근해 호감을 표시한 뒤, 개인적인 친분과 신뢰를 형성한 후에 각종 이유를 들어 금전을 요구해 갈취하는 사기 수법입니다. 그런데 이런 피싱 범죄에 익명성을 악용하여 가상 얼굴로 사람들을 낚아 사기를 칠 우려가 분명히 존재합니다.

한 번은 어떤 기업이 가상인간을 만들어 달라는 의뢰를 해서 어떤 콘텐츠를 제작할 것이냐고 물었더니, 두루뭉술하게 넘어가며 끝까지 알려주지 않은 적이 있었습니다. 어떤 콘텐츠를 만들 것인지 확인하지 않고는 기술 지원이 어려움을 고지하고 검색을 통해 찾아보니, 음란물 사이트에 성인용품 광고를 올리는 업체가 선정적인 콘텐츠를 만들기 위해 가상 얼굴을 활용하려고 연락한 것이었습니다. 명백히 기술을 악용하려는 경우였기에 의뢰를 거절하고 뿌리친 사례가 있습니다.

그나마 기업 고객은 이처럼 서비스를 제공하는 과정에서 여러 방식을 동원해 필터링할 수 있지만, 개인 고객의 경우는 그렇지 않습니다. 신원을 정확히 알 수 없는 개인 고객이 가상 얼굴로 어떤 콘텐츠를 만들지 모르는 일이고, 고객이 늘어나 가상 얼굴로 변환하는 분량이 많아지다 보면 모든 콘텐츠를 사람이 일일이 확인하기도 어렵습니다. 시각, 음성 데이터를 기반으로 콘텐츠를 자동으로 걸러내는 필터링 기술이 있긴 하지만, 이마저도 음란물을 100퍼센트 걸러내지 못합니다.

음란물보다 더 위험할 수 있는 것은 앞서 언급한 로맨스 스캠입니다. 실제 인플루언서로 활동하면서 팬과 소통하고 점점 더 가까운 관계로 발전하면, 돈을 요구한 뒤 잠적하거나 갚지 않는 범죄가 종종 발생하고 있기 때문입니다. 만약 본캐가 누군지 추적하기 어려운 가상인간 인플루언서라면 더 심각한 범죄로 이어질 수 있겠지요. 가상 얼굴 뒤에 숨어 민감한 정치적 사안이나 투자와 관련된 사안을 거짓으로 퍼뜨려 사회적 분쟁이나 분열을 조장하거나, 외교 문제를 일으키거나, 금융 사기를 저지를 위험도 있습니다.

가상 얼굴 분양 서비스는 위험성이 큰 만큼 이 같은 문제에 관한 기본적인 대비책을 마련한 후에, B2C로 선보일 계획입니다. 새로운 컴퓨터 바이러스가 나오면 그것을 막는 백신 프로그램이 나오듯, 가상 얼굴 콘텐츠를 만드는 기술이 발전할수록 이를 검출해내고 헤지(hedge)할 수 있는 기술도 같이 발전해야 합니다. 하지만 언제나 바이러스가 먼저고 백신이 뒤이어 개발되듯, 가상 얼굴을 만드는 기술이 먼저 발전하고 디텍션 (detection, 탐지) 기술이 뒤이어 개발되는 것이 당연한 실정입니다. 그렇더라도 가상 얼굴 기술이 실용화되면 생각보다 더 다양한 방식으로 악용될 여지가 충분히 있기에, 적어도 저희 회사가 만드는 콘텐츠에 대해서는 모두 가상 얼굴 여부를 확인할 수 있게끔 관련 기술을 개발하고 있습니다.

딥페이크와 관련하여 정책을 입법하는 관계자나 여러 정부 기관의 담당자들로부터 심심찮게 문의가 들어오고 있습니다. 딥페이크 기술로 만들어진 음란물 영상이나 가짜 뉴스 영상을 어떤 기술로 탐지할 수 있는지, 참조할 만한 해외 사례는 없는지 등 관련 문의에 답변을 드리면서 딥페이크 문제 해결에 조금이나마 도움이 되고자 노력하고 있습니다. 피해가 늘지 않도록 딥페이크 관련 기술 기업으로서의 사회적 책임을 다하려는 이유도 있지만, 저희가 가상 얼굴을 분양하고 버추얼 휴먼을 만들어 멋진 메타버스 콘텐츠를 제작하려면 연관 기술이 악용되지 않도록 해야만 하기 때문입니다. 기술의 순기능은 더욱 촉진되고, 오남용과 악용은 철저히 차단하기 위해서는 관련 법이 반드시 제정되어야 합니다. 특히 범죄를 방지하기 위한 강력한 처벌 조항도 마련되어야 합니다.

기술적, 제도적으로 시스템을 마련한다고 해도 악용하려는 자들을 완벽히 막기란 어렵습니다. 나쁜 일에 머리가 잘 돌아가는 사람들은 어떤 식으로든 결국 시스템의 빈 곳을 뚫어내고 자신들이 원하는 콘텐츠를 만들어낼 것입니다. 아무리 백신을 계속 업데이트해도 새로운 바이러스가 계속 출현하는 것과 같은 이치입니다. 그래서 저희와 같은 기업들이 딥페이크 콘텐츠를 탐지하는 기술을 지속적으로 고도화하면서 취약점이 되는 이른바 보안 시스템의 구멍을 찾아내 대응할 수 있도록 연구해야 합니다. 딥페이크 범죄를 범죄로 정확히 인식하고, 그런 콘텐츠 소비를 거부할 줄 아는 깨어있는 시민의식 또한 꼭 필요합니다.

저희 회사의 가상 얼굴 생성 및 변환 기술뿐만 아니라 어떤 기술로든 버추얼 휴먼을 만드는 사업은 메타버스라는 거대한 시대 흐름에 따라 더욱 빠르고 크게 성장할 가능성이 높습니다. 돈이 모이고 사람이 모이는 곳에는 늘 문제가 따라오기 마련입니다. 한국의 버추얼 휴먼 관련 기업이 메타버스 아바타 시장, 버추얼 인플루언서 시장, 그리고 고도의 그래픽 기술을 기반으로 한 콘텐츠 시장에서 글로벌 경쟁력을 갖추고 더욱 성장하기 위해서는 각계각층의 노력이 필요합니다. 기업뿐만 아니라 정부와 입법을 담당하는 국회의원들, 버추얼 휴먼 콘텐츠를 소비하는 일반 국민들까지 많은 사람들의 이해와 노력, 사회적 합의가 필요합니다. 스타트업을 운영하는 대표가 자기 사업하면서 국민들의 노력까지 요구하느냐 생각할 수도 있겠지만, 지금이 수많은 아날로그의 것들이 디지털로 옮겨가는 '디지털 트랜스포메이션 시대', 바로 '메타버스 시대'이기 때문에 그렇습니다. 우리의 정신이 디지털 세상에 머무르는 시간은 엄청나게 늘어나고 있습니다. 따라서 미국의 메타(구 페이스북)가 만든 메타버스 플랫폼 호라이즌 월드(Horizon Worlds)에서도 우리나라 국민은 한국 정부와 헌법에 의해 보호받아야 합니다. 마찬가지로 로블록스에 접속해 있을 때도 우리의 자녀는 소중한 가족 구성원이지 디지털 쪼가리에 불과한 존재가 아닙니다. 어떤 사람들은 이미 삶의 상당 부분을 디지털 세상으로 옮겨놓았고, 그런 사람들이 점점 많아질 텐데 우리는 과연 디지털 지구로 이주할 준비가 되어있는지 냉정하게 돌아봐야 합니다. 새로운 지구의 환경에 맞는 새로운 질서와 시민의식이 없다면 혼란은 불 보듯 뻔한 일이니까요.

2020년 10월, 첫 버추얼 휴먼 루이를 선보이고 어느새 1년이 넘는 시간 동안 저희 회사에 버추얼 휴먼 제작이나 섭외를 문의해 온 기업이 어림잡아 200여 곳이 넘습니다. 이처럼 많은 기업들과 상담하고 그들만의 버추얼 휴먼을 제작해 주면서, 또 버추얼 휴먼 시장의 추이를 면밀히 살펴보면서 발견한 사실이 하나 있습니다. 그것은 많은 기업들이 버추얼 휴먼으로 인플루언서를 만들기 원하는데, 그 이유는 긴 시간에 걸쳐 완성형 인플루언서를 키워내기 위해서가 아니라 당장의 극적인 마케팅 효과를 얻기 위함이라는 것입니다. 기업의 브랜드 이미지를 좋게 하기 위한 목적으로 광고에 활용하기도 하지만, 그보다 더 일차원적인 목적은 바로 매출로 이어지는 광고에 활용하는 것입니다. 그렇다면 대중은 어떤 형태, 어떤 성격의 버추얼 휴먼을 접했을 때 더 즉각적으로 반응할까요?

예를 들어 아뽀키는 높은 대중적 인기를 누리고 있고 유튜브와 틱톡을 합하면 300만 명에 가까운 구독자를 보유한 우리나라의 대표적인 버추얼 휴먼 중 하나입니다. 음악 평론가 차우진은 소위 찐팬들의 아뽀키에 대한 팬덤에 관해 "코어 팬들은 '1일 9뽀끼' 한다."고 표현하기도 했습니다. 실제로 아뽀키는 이루다와 더불어 우리나라 버추얼 휴먼 중에서 제가 가장 좋아하는 캐릭터이기도 합니다. 아뽀키는 노래 실력도 뛰어나고, 비록 수인형 디지털 캐릭터의 외형이지만 춤도 멋지게 잘 추는 뮤지션입니다. 그런데 아쉽게도 아뽀키는 음원을 발매하고 노래하는 콘텐츠 제작 활동 외에, 광고 모델이나 홍보대사로 기용되는 사례는 아직까지 없습니다. 국내 버추얼 휴먼 업계에서 루이보다 훨씬 선배이고, 인기도 더욱 많음에도 불구하고 말입니다. 반면에 루이의 경우는 인스타그램 팔로어가 1만 명이 채 되기 전부터 여러 기관의 홍보대사를 맡아왔습니다. 그리고 광고 모델 섭외의 경우 뷰티와 패션, 식음료 등 여러 분야의 기업으로부터 제안이 줄을 잇고 있습니다.

이러한 현상을 어떻게 이해해야 할까요? 추정하건대 사람들이 버추얼 휴먼을 보고 동조하고, 무엇인가 추천하고 참여하고 싶고, 구매에 이르기까지 매출을 일으키는 행위와 연결되는 가능성을 보여주는 것은 버추얼 휴먼의 외관이 실제 사람과 가까운 쪽이라고 생각됩니다. 메타버스와 아바타의 시대, 디지털 캐릭터가 넘쳐나는 시대지만 소비 지출과 같은 중요한 행위는, 아직까지는 눈으로 직접 타인을 확인하고서야 결정하게 되는 것은 아닐까 생각합니다. 물론 이 같은 생각은 그동안의 연구와 사업 경험을 통한 제 개인의 가설과 추정일 뿐입니다. 버추얼 휴먼에 대한 대중의 관심이 높아지고 있으므로, 앞으로는 버추얼 휴먼의 특성과 마케팅 간의 상관관계에 대한 연구도 활발히 진행될 것으로 보입니다.

저는 루이와 하마뿐만 아니라 더 개성 있고 매력적인 버추얼 휴먼들을 계속해서 만들어내고 싶습니다. 그렇게 한 명 두 명 버추얼 휴먼을 늘려가다, 글로벌 B2C 가상 얼굴 분양센터를 통해 전 세계 인구가 78억 명이 아닌 150억 명, 220억 명과 같은 식으로 버추얼 휴먼들과 더불어 살아가는 디지털 지구를 상상하고 있습니다. 또한 루이와 하마가 그렇듯 메타버스를 누비는 버추얼 휴먼들 개개인이 더욱 행복해지기를 바랍니다. 독자분들 역시 자아 발견과 자아실현을 돕는 기발한 서비스를 통해 행복한 '부캐 라이프'를 즐겨보시길 기원합니다.

참고문헌

-오제욱, '버추얼 휴먼 제작 방법 및 제작 시 고려할 사항', 동국대학교 강연, 2021.9.16

-오제욱, '새로운 인플루언서, 버추얼 휴먼: 멀티 페르소나 전략', 2021 콘텐츠 스텝업, 한국콘텐츠진흥원, 2021.8.26

-김상균, 《메타버스》, 플랜비디자인, 2020

-"'깨지기 쉬운 SNS 셀럽 문화'에 대한 일침, 월드 레코드 에그", 시선 뉴스, 2019.2.13

-네이버 지식백과, '아바타', https://terms.naver.com/entry.naver?cid=40942&docId=1203195&categoryId=32842

-마이클 본드, 《타인의 영향력》, 문희경 옮김, 어크로스, 2015

-"메타버스 세계관 만든 필립 로즈데일 '통제 없는 서비스가 메타버스 주도권 쥘 것'", 조선비즈, 2021.9.23

-"무궁화 꽃이 피었습니다 탕! 풀썩…'이게 메타버스구나'", 한경닷컴, 2021.9.28

-미래채널 MyF, "끊이지 않는 메타버스 열풍, 최신 내용 업데이트(2021.9 Ver.)", 2021.9.11, https://www.youtube.com/watch?v=cnq-5JW5QzYA

-엘리어트 애런슨, 《인간, 사회적 동물》, 박재호 옮김, 탐구당, 2014

-연세대학교 블로그, "멀티 페르소나 시대를 여는 메타버스 탐험가, 오제욱 디오비스튜디오 대표(중어중문학 98), 2021.6.9, https://blog.naver.com/yonseiblog/222389855036

-이승환, '로그인(Log In) 메타버스: 인간×공간×시간의 혁명', ISSUE REPORT, IS-115, 소프트웨어정책연구소(SPRi), 2021.3.18

-이승환, 한상열, '메타버스 비긴즈(BEGINS): 5대 이슈와 전망', ISSUE REPORT, IS-116, 소프트웨어정책연구소(SPRi), 2021.4.20

-'[백승엽 싸이더스스튜디오엑스 대표] 버추얼 인플루언서의 핵심은 NEWS', 치프 이그지큐티브(CHIEF EXECUTIVE), Vol.226(2021년 9월호), http://www.chiefexe.com/news/ArticleView.asp?listId=MzEzN3x8bGltaXRfZmFsc2Ug

-"[포커스 M] 가상현실 속의 '또 다른 나' 만들기 인기", mbn뉴스, 2021.3.11

-한국벤처투자, '메타버스', 트렌드 리포트 2021, 2021.7

-한국전자통신연구원(ETRI), 경제사회연구실, '코로나 이후 글로벌 트렌드: 완전한 디지털 사회', 기술정책 인사이트, 2020.1

-한글도서관, "TED [제임스 카메론], 아바타가 있기까지, 호기심 많던 한 소년의 이야기", 2020.2.8, https://www.youtube.com/watch?v=HcdM_4dRTkc

-eo, "AI를 통해 우리의 미래는 어떻게 달라질까?, AI Plus 토크콘서트", 2021.10.7, https://www.youtube.com/watch?v=i036fyMCBNg&t=531s

-Roger James Hamilton, "How will the edtech boom transform the existing education system?", eSchool News, 2021.5.24

universe 2 버추얼 휴먼: 가상세계의 신인류

-오제욱, '버추얼 휴먼 제작 방법 및 제작 시 고려할 사항', 동국대학교 강연, 2021.9.16

-오제욱, '새로운 인플루언서, 버추얼 휴먼: 멀티 페르소나 전략', 2021

콘텐츠 스텝업, 한국콘텐츠진흥원, 2021.8.26

-EDUCLOUD TV, "[에듀클라우드파트너스데이2021] 지금은 부캐 시대 | 디오비스튜디오", 2021. 5.10, https://www.youtube.com/watch?v=q9keitbWLWU

-"가상 얼굴 플랫폼 2년 내 세계 진출…한류 붐 이어갈 것, [이 사람] 오제욱 디오비스튜디오 대표", 서울경제, 2021.7.20

-"가상 인플루언서 로지, 신한라이프 광고 모델 데뷔", etnews(전자신문), 2021.7.8

-"캐릭터 이미지 메이킹 시대, 게임사 버추얼 셀럽 '잰걸음'", 경향게임스, 2021.6.15

-"'버튜버'의 공습, 뉴미디어는 왜 가상의 인물에 열광하는가", 게임플, 2021.10.20

-유튜브 읽어주는 남자, "버추얼 유튜버의 시대가 온다", 2021.3.19, https://www.youtube.com/watch?v=0HSnrVowTSc

-"[유튜피아] '가세연'도 제쳤다… 유튜브 후원금 1위는 '사람'이 아니다?", 뉴스1코리아, 2021.7.12

-이승환, 한상열, '메타버스 비긴즈(BEGINS): 5대 이슈와 전망', ISSUE REPORT, IS-116, 소프트웨어정책연구소(SPRi), 2021.4.20

-"1년에 130억 원 버는 가상인간…'버추얼 인플루언서' 마케팅 인기", 조선비즈, 2021.7.10

-eo, "AI를 통해 우리의 미래는 어떻게 달라질까?, AI Plus 토크콘서트", 2021.10.7, https://www.youtube.com/watch?v=i036fyMCBNg&t=531s

-Makena Rasmussen, "Why Storytelling Can Make or Break a

Virtual Influencer", Virtual Humans, 2021.7.21, https://www.
virtualhumans.org/article/why-storytelling-can-make-or-break-a-
virtual-influencer

-WLDO, "버추얼 인플루언서 인간을 뛰어넘나", 2020.11.8, https://
www.youtube.com/watch?v=k7-YO08qWeo

universe 3 멀티 페르소나: 내 안의 또 다른 정체성

-오제욱, '새로운 인플루언서, 버추얼 휴먼: 멀티 페르소나 전략', 2021
콘텐츠 스텝업, 한국콘텐츠진흥원, 2021.8.26

-"가상 얼굴을 분양 받는다? 인터뷰하는데 얼굴이 바뀌어요, '버추얼
휴먼' 루이 만든 오제욱 대표 인터뷰", 뉴스1TV, 2021.6.15, https://
www.youtube.com/watch?v=asKk20tqT7w&t=360s

-"[김서윤 TALK TALK SHOW] 버추얼 휴먼 스타트업 'dob studio'
오제욱 대표", etnews, 2021.6.9, https://www.youtube.com/watch?
v=jjcSSppX5lk

-법제처, 찾기 쉬운 생활법령정보, '전자금융범죄-피해사례', https://
easylaw.go.kr/CSP/CnpClsMain.laf?csmSeq=1592&ccfNo=2&cciN
o=1&cnpClsNo=1

-연세대학교 블로그, "멀티 페르소나 시대를 여는 메타버스 탐험가,
오제욱 디오비스튜디오 대표(중어중문학 98), 2021.6.9, https://blog.
naver.com/yonseiblog/222389855036

-"[인터뷰] 딥페이크 긍정적으로 활용할 길 찾았다, 오제욱 디오비스
튜디오 대표", 비즈한국, 2021.3.3

-인터뷰, Kim Do Own(a Ph.D. candidate in Communication and

Journalism at the University of Southern California), 디오비스튜디오 오제욱 대표, '버추얼 휴먼 루이 개발 의도와 사업적 전망', 2021. 10.27

-지식의 전당 PPSS 블로그, 경기뉴미디어콘퍼런스 사무국, "버추얼 아티스트 아뽀키는 '불쾌한 골짜기'를 건넜나", 2021.10.27, http://naver.me/5y0hkDAD

-한국전자통신연구원(ETRI), 경제사회연구실, '코로나 이후 글로벌 트렌드: 완전한 디지털 사회', 기술정책 인사이트, 2020.1

-dob World, "가상 얼굴 분양센터, 디오비스튜디오를 소개합니다", 2020.12.28, https://www.youtube.com/watch?v=aHsoIsPb0oE&t=2s

-Good Content | Tech, "What the Media Didn't Tell You About NEON - NEON, Core R3 and Their Future Explained!", 2020.1.17, https://www.youtube.com/watch?v=lXZBmMGD7pI&t=101s

-jobsN, JOB&人, "아이돌 꿈꾸다 10번 이직 후 차린 회사, 정체는?, 오제욱 디오비스튜디오 대표", 2021.11.01, https://m.post.naver.com/viewer/postView.naver?volumeNo=32664236&memberNo=27908841

버추얼 휴먼

메타버스 속 신인류의 탄생

초판 1쇄 발행 2022년 2월 23일

지은이 · 오제욱
펴낸이 · 박영미
펴낸곳 · 포르체

편　집 · 이병철, 원지연
마케팅 · 이광연
디자인 · 최희영

출판신고 · 2020년 7월 20일 제2020-000103호
전화 · 02-6083-0128 | 팩스 · 02-6008-0126
이메일 · porchetogo@gmail.com
포스트 · https://m.post.naver.com/porche_book
인스타그램 · www.instagram.com/porche_book

ⓒ오제욱(저작권자와 맺은 특약에 따라 검인을 생략합니다)
ISBN 979-11-91393-59-0 (03320)

- 이 책은 저작권법에 따라 보호받는 저작물이므로 무단전재와 무단복제를 금지하며, 이 책 내용의 전부 또는 일부를 이용하려면 반드시 저작권자와 포르체의 서면 동의를 받아야 합니다.
- 이 책의 국립중앙도서관 출판시도서목록은 서지정보유통지원시스템 홈페이지(http://seoji.nl.go.kr)와 국가자료공동목록시스템(http://www.nl.go.kr/kolisnet)에서 이용하실 수 있습니다.
- 잘못된 책은 구입하신 서점에서 바꿔드립니다.
- 책값은 뒤표지에 있습니다.

여러분의 소중한 원고를 보내주세요. porchetogo@gmail.com